中等职业教育国家规划教材配套辅导用书

成本会计习题与实训

（第5版）

李道刚　周　洋　主编

中国财经出版传媒集团
中国财政经济出版社

图书在版编目（CIP）数据

成本会计习题与实训 / 李道刚，周洋主编．--5 版
．--北京：中国财政经济出版社，2020.10（2024.8重印）
中等职业教育国家规划教材配套辅导用书
ISBN 978－7－5223－0005－4

Ⅰ．①成… Ⅱ．①李… ②周… Ⅲ．①成本会计－中等专业学校－教学参考资料 Ⅳ．①F234.2

中国版本图书馆 CIP 数据核字（2020）第 168880 号

责任编辑：田明晖　赵天天　　　　责任校对：徐艳丽
封面设计：华乐功　　　　　　　　责任印制：刘春年

中国财政经济出版社 出版
URL：http：//www.cfeph.cn
E－mail：cfeph@cfeph.cn

社址：北京市海淀区阜成路甲 28 号　邮政编码：100142
营销中心电话：010－88191522
天猫网店：中国财政经济出版社旗舰店
网址：https：//zgczjjcbs.tmall.com
北京中兴印刷有限公司印刷　各地新华书店经销
成品尺寸：185mm×260mm　16 开　11.5 印张　276 000 字
2020 年 10 月第 5 版　2024 年 8 月北京第 3 次印刷
定价：24.00 元
ISBN 978－7－5223－0005－4
（图书出现印装问题，本社负责调换，电话：010－88190548）
本社质量投诉电话：010－88190744
打击盗版举报热线：010－88191661　QQ：2242791300

第5版前言

本书是中等职业教育国家规划教材配套教材《成本会计（第5版）》的配套辅导用书，其内容、体系与教材保持一致。为了帮助学生更好地掌握成本会计的基本理论、基本方法和基本技能，提高分析问题和解决问题的能力，满足教学的需要，习题部分每章都设计了填空题、单项选择题、多项选择题、判断并改错题、名词解释、简答题、论述题和业务计算题，从不同角度反映成本会计的基本内容。各类习题的设计力求突出重点和难点，始终贯穿由浅入深、由易到难、循序渐进的要求，体现知识的科学性和系统性，有助于学生从多方位、多角度去思考、理解问题，促进学生综合能力的提高。

成本会计实训是一种理论结合实际，重在能力培养的实践性教学形式。学生在按现实“复制”的环境中，在教师的指导下，运用所学专业知识，独立地完成各种成本会计方法的实际操作，使学生能够比较系统地练习企业成本核算的基本程序和具体操作方法，加强学生对基本理论的理解、基本方法的运用和基本程序的训练，从而对企业成本核算全过程有一个比较系统完整的认识，达到对成本会计理论和方法融会贯通的目的，为他们走上工作岗位后缩短“适应期”、尽快胜任成本会计核算工作打下坚实的基础。实训部分根据新的企业会计准则，分模块进行。通过实训使学生更好地将理论与实践结合起来，提高学生分析问题和解决问题的能力。

本次修订由李道刚、周洋任主编。具体编写分工是：李道刚编写第一、九章，周洋编写第二、三章，金萍编写第四、十章，朱光明编写第五、六章，刘明传编写第七、八章。初稿完成后，由主编统稿、总纂。

由于编写时间仓促和编者水平有限，书中错误和不足之处在所难免，恳请读者批评指正。

编　者

2020年6月

目　录

上 篇　成本会计习题

第一章

概　　论

一、填空题

1. 成本会计是会计学科的一个重要分支，它是以__________为对象的一种专业会计。

2. 成本会计的职能有__________、__________、__________、__________、__________、__________和__________。

3. 企业内部的成本会计制度的内容应包括对成本进行__________、__________、__________、__________、__________、__________、__________等作出决定。

4. 一个企业的原始记录是非常广泛的，与成本会计有关的原始记录主要有__________、__________、__________、__________和反映费用开支的原始记录。

5. 企业实施定额管理所应制定的主要定额有__________、__________、__________、__________。

6. 成本会计具有__________和__________的职能，是现代成本会计区别于以往各时期成本会计的一个重要标志。

7. 成本是一个普遍的__________，凡有__________和__________的地方，都必然有成本的存在。

8. 成本会计制度按制定的主体可分为__________制定的成本会计制度和__________制定的成本会计制度。

9. 成本作为__________的尺度，对于促进企业__________、__________，以取得最佳经济效益有着重要作用。

10. 企业管理体制有集中和分级两种形式，与之相适应，成本会计有__________和__________两种组织形式。

二、单项选择题

1. 按照马克思的成本理论，产品成本是产品价值中的（　　）部分。

A. C + M　　B. C + V

C. V + M　　D. C + V + M

2. 对生产经营过程中发生的费用进行归集和分配，计算出有关成本计算对象的实际总成本和单位成本，是（　　）。

A. 成本会计　　B. 成本核算

C. 成本分析　　D. 成本预测

3. 进行成本控制、成本分析和成本考核的依据是（　　）。

A. 成本决策　　B. 成本计划

C. 成本预测　　D. 产品成本

4. 产品成本是制定产品价值的重要依据，这里的成本是指（　　）。

A. 产品的企业最低成本　　B. 产品的企业平均成本

C. 产品的行业最低成本　　D. 产品的行业平均成本

5. （　　）是进行成本决策和编制成本计划的基础。

A. 成本核算　　B. 成本预测

C. 成本控制　　D. 成本分析

6. （　　）是降低成本的具体目标，也是进行成本控制、成本分析和成本考核的依据。

A. 成本核算　　B. 成本预测

C. 成本计划　　D. 成本报表

7. （　　）是成本管理的基础，也是进行成本预测、决策、计划、控制和考核的依据。

A. 物资管理　　B. 定额管理

C. 费用管理　　D. 原始记录管理

8. 定额管理是成本管理的（　　）。

A. 基础　　B. 前提

C. 预测　　D. 控制

9. 制定定额常用的方法有（　　）。

A. 先进先出法　　B. 加权平均法

C. 统计分析法　　D. 计划成本法

10. 成本会计制度一经制定，要严格执行，要保持相对的（　　）。

A. 稳定性　　B. 计划性

C. 超前性　　D. 可比性

三、多项选择题

1. 产品成本作为企业生产经营过程中劳动耗费和补偿价值的尺度，作为产品定价和经营决策的依据，对（　　）具有重要的作用。

A. 降低耗费　　B. 足额补偿

C. 合理定价　　D. 做好决策

2. 成本会计具有（ ）职能，是现代成本会计区别于以往各时期成本会计的一个重要标志。

A. 成本预测　　B. 成本分析

C. 成本核算　　D. 成本决策

3. 下列各项中，属于成本会计的具体内容的项目有（ ）。

A. 成本核算　　B. 成本预测

C. 成本控制　　D. 成本报表

4. 成本是反映企业（ ）的综合指标。

A. 生产耗费　　B. 经营管理水平

C. 工作质量　　D. 降低耗费

5. 成本会计制度按制定的主体不同，可分为（ ）的成本会计制度。

A. 上级主管部门制定　　B. 企业内部制定

C. 财政部门制定　　D. 税务部门制定

6. 企业内部成本会计制度的内容应包括对成本进行预测、决策、计划和（ ）。

A. 控制　　B. 核算

C. 分析　　D. 考核

7. 按照马克思的价值理论，产品的价值由（ ）组成。

A. 生产中消耗的生产资料的价值　　B. 劳动者为自己的劳动创造的价值

C. 劳动者为社会创造的价值　　D. 企业所发生的管理费用

8. 与成本会计有关的原始记录，必须做到（ ），并按照规定及时进行传递和汇总计算，还要按照规定定期归档保存。

A. 填写准确　　B. 书写清楚

C. 签署齐全　　D. 合法性

9. 成本计划是降低成本的具体目标，也是进行（ ）的依据。

A. 成本控制　　B. 成本分析

C. 成本考核　　D. 成本计算

10. 企业实施定额管理所应制定的主要定额有（ ）。

A. 物资消耗定额　　B. 设备利用定额

C. 劳动定额　　D. 费用支出定额

四、判断并改错题

1. 在企业的成本会计机构中配备一定数量的政治、业务素质都过硬的成本会计人员是做好成本会计工作的决定性因素。（ ）

2. 有没有成本和是否需要核算成本是同一个概念。（ ）

3. 对于以成本为对象，对成本进行计算、控制、分析和考核的成本会计而言，其所要研究的成本是产品成本。（ ）

4. 企业的成本会计机构是在企业中直接从事成本会计工作的职能部门。（ ）

5. 成本会计人员无权参与制订企业的生产经营计划和各项定额。（ ）

6. 成本会计制度一经制定，要严格执行，不得修改。（ ）

7. 企业应当根据国家有关法令、法规，并结合企业实际情况来制定自己的成本会计工作制度或办法。（　　）

8. 在成本会计的职能体系中，成本核算是成本会计最基本最重要的职能。（　　）

9. 企业内部的结算制度，是企业内部各部门单位之间相互提供产品和劳务进行收付结算的一种制度。（　　）

10. 成本考核是在成本分析的基础上定期对成本计划执行情况进行的总结和评价。（　　）

五、名词解释

1. 成本

2. 成本会计

3. 产品成本

4. 成本核算

六、简答题

1. 产品成本的具体内容是什么？

2. 成本会计的任务是什么？

3. 什么是成本会计？它包括的具体内容有哪些？

4. 成本会计应做好哪几项基础工作？

七、论述题

试述产品成本的作用。

第二章

成本核算的要求和程序

一、填空题

1. 为了做好成本核算工作，正确计算产品成本，遵守成本开支范围，还应____、____、____、____、____。

2. 如果将资本性支出列为收益性支出，就会______________而多计______________，从而少计____________；反之，如果将收益性支出列为资本性支出，则必然____________而少列____________，最终导致____________。

3. 在划清费用界限时，特别应注意划清可比产品和______________、盈利产品和____________之间的费用界限，防止任意增减费用、调整成本，借以掩盖成本超支或以盈补亏、弄虚作假的错误做法。

4. 工业企业的生产根据各生产单位任务的不同，可以分为______________和__________________；根据企业生产费用核算和产品成本计算的需要，一般可以在“生产成本”这一总分类科目下，分设____________和____________两个二级科目。

5. “制造费用”科目应当按照____________设置明细账，并按____________设专栏进行明细核算。

6. 长期待摊费用是指企业已经发生（支出），但摊销期限在____________的各项费用，包括____________、____________，以及____________的其他待摊费用。

7. 制造企业____________核算的过程也就是____________归集和分配的过程。

8. 企业应当按照____________和____________，划清应计入本期成本和不应计入本期成本的费用界线。

二、单项选择题

1. 正确计算产品成本，应做好的基础工作是（　　）。

A. 确定成本项目　　B. 正确划分各种费用界限
C. 建立健全各项原始记录　　D. 确定成本计算对象

2. 将资本性支出计入当期生产经营费用，（　　）。
A. 对企业损益没有影响
B. 只影响产品成本，不影响期间费用
C. 影响产品成本和期间费用，造成当期销售利润增加
D. 影响产品成本和期间费用，造成当期销售利润减少

3. （　　）费用不能计入产品成本。
A. 燃料和动力
B. 生产工人工资及附加费
C. 车间、分厂管理人员工资及附加费
D. 期间费用

4. 为核算企业进行工业性生产，包括生产各种产品、自制材料、自制工具、自制设备等所发生的各项费用，应设（　　）。
A. 基本生产成本　　B. 辅助生产成本
C. 生产成本　　D. 管理费用

5. 财产物资的计价和价值结转方法一经确定，要（　　）。
A. 保持相对稳定　　B. 保持绝对稳定
C. 可以任意改变　　D. 可用来随时调整产品成本

6. 工业企业正确划分各月费用界限，应防止（　　）的错误作法。
A. 乱挤成本和少计成本　　B. 人为调节各月产品成本
C. 人为调节完工产品成本　　D. 在各种产品之间任意调整成本

7. 为了正确划分本期费用与非本期费用的界限，需要正确核算（　　）。
A. 长期待摊费用　　B. 应付账款
C. 应收账款　　D. 预收账款

8. （　　）不应计入产品成本。
A. 财务费用　　B. 制造费用
C. 生产车间管理人员的工资　　D. 生产车间的机物料消耗

9. 为了正确计算各种产品和劳务的实际总成本，在按照企业生产单位设置的生产成本二级账下，还应按照各个生产单位的（　　）设置产品（劳务）生产成本明细账。
A. 成本计算对象　　B. 产品成本项目
C. 生产车间　　D. 费用类别

10. 下列（　　）说法是错误的。
A. 生产一种产品的企业，应计入本期产品成本的费用都是直接费用，全部由该种产品负担，按费用性质直接计入该成本计算对象
B. 生产一种产品的企业，企业发生的所有费用都是直接费用，全部由该种产品负担，按费用性质直接计入该成本计算对象
C. 生产多种产品的企业，对应计入本期产品成本的费用，凡能分清产品的直接费用，应按费用性质直接计入各成本计算对象

D. 生产多种产品的企业，对应计入本期产品成本的费用，对不能分清产品的间接费用，应选择适当标准在各种产品之间进行分配

三、多项选择题

1. 为了正确计算产品成本，必须正确划分（　　）的费用界限。
A. 资本性支出与收益性支出
B. 完工产品和月末在产品成本
C. 成本支出与期间费用
D. 各种产品之间
2. 以下属于期间费用项目的有（　　）。
A. 广告费支出
B. 退休人员工资支出
C. 支付的税收滞纳金、罚金
D. 向投资者分配利润
3. 下列属于资本性支出的项目有（　　）。
A. 购建无形资产的支出
B. 购建固定资产的支出
C. 长期股权投资支出
D. 向投资者分派股利支出
4. 下列项目中，不应计入产品成本的有（　　）。
A. 企业行政管理人员工资
B. 直接用于生产产品的原材料
C. 生产车间管理人员工资
D. 专设销售机构人员的工资
5. 下列（　　）属于企业的营业外支出。
A. 固定资产盘亏
B. 处理固定资产净损失
C. 非常损失
D. 利息支出
6. 要划清应计入本期成本和不应计入本期成本的费用界限，应遵循（　　）。
A. 会计分期原则
B. 权责发生制原则
C. 历史成本原则
D. 实质重于形式原则
7. 制造企业成本核算的一般程序有（　　）。
A. 按成本开支范围审核各项费用应否计入产品成本
B. 将应计入本期产品成本的费用在各种产品间进行分配
C. 正确划分各种产品的销售成本
D. 将归集的生产费用在完工产品与月末在产品之间进行分配
8. “生产成本”账户是用来核算企业生产的（　　）等所发生的各项生产费用。
A. 商品产品
B. 自制材料
C. 自制设备
D. 自制工具
9. 下列应通过“长期待摊费用”账户核算的项目有（　　）。
A. 固定资产修理支出
B. 租入固定资产改良支出
C. 摊销期限1年以上的各项费用
D. 预付下一年度保险费用
10. 为了正确地计算产品成本，必须防止（　　）的错误做法。
A. 乱计成本和少计成本
B. 人为调节产品成本
C. 以盈补亏掩盖超支
D. 任意改变财产物资计价方法
11. 企业的期间费用包括（　　）。
A. 制造费用
B. 销售费用
C. 财务费用
D. 管理费用

12. 如果将收益性支出列为资本性支出，则会导致（　　）。

A. 虚增资产　　　　B. 少列成本和费用

C. 虚增利润　　　　D. 虚减利润

13. 下列说法正确的有（　　）。

A. 若产品全部制造完工，则其所发生的全部生产费用都要计入完工产品成本

B. 若产品全部未完工，则其所发生的全部生产费用就都为在产品成本

C. 若本期既有完工产品又有期末在产品，这就需要采用一定的方法将为某种产品生产所发生的全部生产费用，在其完工产品和期末在产品之间进行分配

D. 若本期既有完工产品又有期末在产品，则只需计算完工产品成本

四、判断并改错题

1. 成本核算是企业成本管理的重要组成部分，成本、费用核算的正确与否，不仅直接影响到成本的预测、计划、控制、分析、考核等成本会计各个环节的工作，而且还将对企业经营决策正确与否产生重大影响。（　　）

2. 凡不应计入产品成本的支出，都应作为期间费用处理。（　　）

3. 月初在产品费用 + 本月生产费用 = 完工产品费用 + 月末在产品费用。（　　）

4. 在实际工作中，哪些费用应计入产品成本，哪些费用不应计入产品成本，具体执行标准是国家规定的成本开支范围。（　　）

5. 为了正确计算成本、费用，对于财产物资的计价和价值结转方法既要合理又要简便。（　　）

6. 为了正确计算各种产品和劳务的实际总成本，在按照企业生产单位设置的生产成本二级账下，还应按照各个生产单位的成本计算对象，设置产品（劳务）生产成本明细账。（　　）

7. “生产成本——辅助生产成本”账户，期末一定无余额。（　　）

8. “劳务成本”科目应按接受劳务种类设置明细账，进行明细核算。（　　）

9. 由于自然灾害等原因而发生的非常损失以及由于非正常原因发生的停工损失等应该计入生产经营管理费用。（　　）

10. 为了正确地计算好产品成本，企业应该根据国家有关的法令和制度，正确地确定财产物资的计价方法和价值的结转方法。（　　）

11. 企业应当按照会计分期原则和权责发生制原则，划清应计入本期成本和不应计入本期成本的费用界线。（　　）

12. 制造企业发生的销售费用、管理费用和财务费用不计入产品成本。（　　）

13. 企业应根据国家有关法令制度，严格认真地划分各个方面的费用界限，为成本管理提供相对正确的成本数据。（　　）

14. 制造企业中，基本费用都属于直接费用，一般费用都属于间接费用。（　　）

15. 生产工人的工资都是直接费用。（　　）

16. 原材料费用都是直接费用。（　　）

17. 违约金、滞纳金不应计入产品成本而应由利润开支。（　　）

五、名词解释

1. 成本核算

2. 资本性支出

3. 收益性支出

4. 成本开支范围

5. 长期待摊费用

六、简答题

1. 简述成本核算的意义。

2. 为正确计算产品成本、遵守成本开支范围，企业还应划清哪些界限？

3. 成本核算应设置哪些账户？

4. 什么是成本核算程序？简述成本核算的一般程序。

七、论述题

成本核算应遵循哪些要求？

第三章

制造企业生产费用的归集和分配

一、填空题

1. 生产费用按照经济内容划分为若干个费用要素，又称为__________，通常分为__________、__________、__________、__________、__________、__________、__________、__________。

2. 生产费用按照经济用途可分为__________和__________。在制造成本法下，产品成本项目一般可分为__________、__________、__________三个项目。

3. 按照计入产品成本的方法划分，生产费用可以分为__________和__________两类。

4. 生产费用按照与产品产量的关系，可分为__________和__________两类。

5. 一般来说，材料费用的原始记录包括__________、__________、__________、__________等。

6. 对于不同产品共同耗用直接材料费用的分配，其方法一般有__________、__________、__________、__________等。

7. 按照国家统计局发布的《关于工资总额组成的规定》，工资总额由__________、__________、__________、__________、__________、__________六个部分组成。

8. 人工成本核算的原始记录，主要有__________、__________、__________和__________。

9. "五险一金两费"包括__________、__________、__________、__________、__________、__________、__________和__________。

10. 辅助生产费用常用的分配方法有__________、__________、__________和__________。

11. 制造费用常用的分配方法有__________、__________、__________。

12. 企业生产过程中的废品，包括＿＿＿＿＿＿和＿＿＿＿＿＿。
13. 废品按其废损程度分为＿＿＿＿＿＿和＿＿＿＿＿＿。
14. 废品按其产生原因，分为＿＿＿＿＿＿和＿＿＿＿＿＿。
15. 废品损失是指企业因产生废品而造成的损失，包括＿＿＿＿＿＿和＿＿＿＿＿＿。
16. 停工损失核算的原始凭证主要是＿＿＿＿＿＿。
17. 生产费用在完工产品和在产品之间分配的方法主要有＿＿＿＿＿＿、＿＿＿＿＿＿、＿＿＿＿＿＿等。

二、单项选择题

1. 实际工作中的产品成本是指（　　）。
   A. 制造成本　　B. 管理费用
   C. 销售费用　　D. 财务费用
2. 间接计入费用是（　　）。
   A. 不能直接计入某种产品成本的费用　　B. 行政管理部门发生的费用
   C. 不是直接用于产品生产的费用　　D. 车间发生的费用
3. 材料定额费用是指（　　）。
   A. 材料消耗定额　　B. 材料定额消耗量
   C. 材料定额消耗量的货币表现　　D. 材料消耗定额的货币表现
4. 假退料是指材料实物不动，（　　）。
   A. 只办理本月份的退料和领料手续
   B. 只办理下月份的退料和领料手续
   C. 只办理本月份退料、下月份领料的手续
   D. 只办理本月份退料手续
5. 在辅助生产内相互提供劳务不多的情况下，辅助生产费用的分配宜采用（　　）。
   A. 直接分配法　　B. 交互分配法
   C. 按计划成本分配法　　D. 按年计划费用分配率分配法
6. 将辅助生产车间发生的各项费用直接分配给辅助生产车间以外各受益单位，这种分配方法为（　　）。
   A. 计划成本分配法　　B. 直接分配法
   C. 顺序分配法　　D. 代数分配法
7. 下列属于应计入产品成本的废品损失是（　　）。
   A. 加工原因造成的废品损失　　B. 原料原因造成的废品损失
   C. 入库后保管不善造成的废品损失　　D. 降价出售的损失
8. 废品残料价值和应收赔偿款，应从“废品损失”明细账户（　　）转出。
   A. 借方　　B. 贷方
   C. 余额　　D. 视情况而定
9. 企业由于计划减产，或因停电、待料、机器设备故障而停工，在停工期间所发生的一切费用属于（　　）。
   A. 修复费用　　B. 报废损失

C. 停工损失　　D. 废品损失

10. 某种产品需经过三道工序加工而成，第1～3道工序的工时定额分别为20小时、16小时、10小时，则第3道工序的完工程度为（　　）。

A. 50%　　B. 89.13%

C. 21.74%　　D. 60.87%

11. 原材料在生产开工时一次投入，月末在产品的投料程度应按（　　）计算。

A. 100%　　B. 50%

C. 定额耗用量比例　　D. 定额工时比例

12. 由于各道工序内部在产品完工程度不同，有的已经完成，有的则刚开始加工，为简化计算，对各工序内部在产品在本工序的加工过程可按（　　）计算。

A. 50%　　B. 100%

C. 定额工时比例　　D. 消耗定额比例

13. 基本生产车间直接用于产品生产、构成产品实体的原料和主要材料，专门设有（　　）成本项目。

A. 原材料　　B. 直接材料

C. 外购材料　　D. 原料及主要材料

14. 某职工3月份生产合格品25件，料废品5件，加工失误产生废品2件，计件单价为4元，则应付计件工资为（　　）。

A. 100元　　B. 120元

C. 128元　　D. 108元

15. 反映职工出勤、缺勤情况的原始记录是（　　）。

A. 考勤记录　　B. 产量记录

C. 工时记录　　D. 定岗定编记录

16. 基本生产车间或辅助生产车间计提的固定资产折旧费，应借记（　　）。

A. "生产成本"账户　　B. "管理费用"账户

C. "制造费用"账户　　D. "待摊费用"账户

17. 在各辅助生产费用分配法中，（　　）的结果最准确。

A. 直接分配法　　B. 计划成本分配法

C. 一次交互分配法　　D. 代数分配法

18. 辅助生产费用的交互分配法，一次交互分配时是在（　　）。

A. 各受益单位间进行分配

B. 受益的各辅助生产车间之间分配

C. 辅助生产以外的受益单位之间分配

D. 受益的各基本生产车间之间分配

19. 如果辅助生产车间规模不大，制造费用不多，为了简化核算工作，其制造费用可以直接计入（　　）。

A. 制造费用　　B. 辅助生产成本

C. 基本生产成本　　D. 本年利润

20. 适用于季节性生产的车间分配制造费用的方法是（　　）。

A. 生产工时比例法　　B. 生产工资比例法
C. 机器工时比例法　　D. 年度计划分配率分配法

21. 生产过程中或入库后发现的各种废品损失，不包括（　　）。
A. 修复废品人员工资　　B. 修复废品领用材料
C. 不可修复废品的报废损失　　D. 废品过失人赔偿款

22. 原材料若是在生产开始时一次投入的，则原材料费用可以按完工产品与月末在产品的（　　）比例分配。
A. 数量　　B. 约当产量
C. 定额费用　　D. 定额工时

23. 如果原材料随着加工进度陆续投入，则原材料费用应按（　　）比例分配。
A. 数量　　B. 约当产量
C. 定额费用　　D. 定额工时

三、多项选择题

1. 制造企业最基本的产品成本项目一般包括（　　）。
A. 外购材料　　B. 制造费用
C. 直接材料　　D. 直接人工

2. 生产费用按其计入产品成本的方法可分为（　　）。
A. 生产性费用　　B. 非生产性费用
C. 直接计入费用　　D. 间接计入费用

3. 下列应计入产品成本的“直接材料”成本项目的有（　　）。
A. 用于制造产品并构成产品实体的原料及主要材料
B. 车间设备耗用的机物料消耗
C. 制造产品耗用的不构成产品实体的辅助材料
D. 制造产品耗用的燃料

4. 几种产品共同耗用的动力费用，常用的分配标准有（　　）。
A. 生产工时　　B. 机器工时
C. 马力工时　　D. 生产工人工资

5. 按国家统计局规定，工资总额的组成部分有（　　）。
A. 计时工资和计件工资　　B. 奖金、津贴和补贴
C. 加班加点工资　　D. 特殊情况下支付的工资

6. 分配结转“制造费用”时，可能涉及的科目有（　　）。
A. “管理费用”科目
B. “生产成本——基本生产成本”科目
C. “生产成本——辅助生产成本”科目
D. “库存商品”科目

7. 成本核算中的损失性费用是指产品生产过程中所发生的各种损失费用，它包括（　　）。
A. 停工损失　　B. 非常损失
C. 坏账损失　　D. 废品损失

8. 可修复废品必须具备的条件有（　　）。

A. 在技术上可以修复　　B. 在经济上合算

C. 不管修复费用多少　　D. 只要修复后可以使用

9. 计算不可修复废品的净损失，应考虑的因素有（　　）。

A. 不可修复废品的成本　　B. 不可修复废品的修复费用

C. 回收废料价值　　D. 过失人赔偿款

10. 材料费用的分配标准有（　　）。

A. 材料定额消耗量　　B. 定额成本比例法

C. 产品工时定额　　D. 生产工人工资

11. 企业按用途和财务制度的有关规定分配工资费用时，要涉及（　　）。

A. 生产成本　　B. 制造费用

C. 管理费用　　D. 销售费用、应付职工薪酬

12. 辅助生产车间不设“制造费用”科目核算是因为（　　）。

A. 辅助生产车间规模较小，发生制造费用较少

B. 辅助生产车间不对外销售产品

C. 为了简化核算

D. 没有必要

13. 月份终了，辅助生产成本按一定分配标准分配给各受益对象，可以借记（　　）科目。

A. 管理费用　　B. 制造费用

C. 生产成本　　D. 营业外支出

14. 制造费用是企业为生产产品和提供劳务而发生的各项间接费用，包括（　　）。

A. 生产单位管理人员的职工薪酬

B. 生产单位固定资产折旧费

C. 辅助生产车间低值易耗品摊销

D. 基本生产车间的办公费

15. 按年度计划分配率分配法分配制造费用后，“制造费用”科目月末（　　）。

A. 既有借方余额又有贷方余额　　B. 无余额

C. 有借方余额　　D. 有贷方余额

16. 停工损失应该包括（　　）。

A. 计划内停工损失　　B. 废品损失

C. 报废损失　　D. 计划外停工损失

17. 可修复废品的修复费用应包括（　　）。

A. 修复废品的材料费用　　B. 修复废品的工资费用

C. 修复废品的动力费用　　D. 修复废品的销售费用

18. 采用定额比例法分配完工产品和在产品费用，应具备（　　）的条件。

A. 消耗定额比较准确　　B. 消耗定额比较稳定

C. 各月末在产品数量变化不大　　D. 各月末在产品数量变化较大

四、判断并改错题

1. 生产费用按其经济用途划分，可分为各个费用要素。 ( )

2. 直接生产费用就是直接计入费用，间接生产费用就是间接计入费用。 ( )

3. 采用计件工资制时，直接人工费用是直接计入费用。 ( )

4. “应付职工薪酬”账户只登记企业当月实际支付的工资总额。 ( )

5. 原材料费用都是直接计入费用，生产工人职工薪酬都是间接计入费用。 ( )

6. 辅助生产产品和劳务成本的高低，对于基本生产产品成本和经营管理费用的水平没有影响。 ( )

7. 生产车间耗用的材料，全部计入“直接材料”成本项目。 ( )

8. 辅助生产费用的交互分配法，是只进行辅助生产车间之间交互分配，不进行对外分配。 ( )

9. 辅助生产车间的实际费用和按计划成本计算的分配额之间的差额，可列入“制造费用”账户，超支用蓝字，节约用红字。 ( )

10. 交互分配法是指各受益单位之间相互分配其实际发生的辅助生产费用。 ( )

11. 在按年度计划分配率法分配制造费用的情况下，全年实际发生的制造费用与计划分配额的差额，在当年不作处理。 ( )

12. 只有在生产过程中发现的废品，其废品损失才能计入产品成本。 ( )

13. 采用按年度计划分配率分配法时，某种产品应负担的制造费用应根据该种产品计划产量的定额工时数乘以年度计划分配率计算而得。 ( )

14. “制造费用”科目，每月末都应没有余额。 ( )

15. 企业在产品生产过程中发生的废品等所形成的损失，一律不能计入产品成本。 ( )

16. 原材料在生产开始时一次投入，单件的完工产品与不同完工程度的在产品所耗用的原材料不相等。 ( )

17. 采用约当产量法在完工产品和在产品之间分配生产费用时，如果直接材料是随着加工进度陆续投入的，那么直接材料费用应按完工产品数量和月末在产品数量比例分配。 ( )

18. 如果直接材料是在生产开始时一次投入的，那么月末在产品应按50%计算分配直接材料费用。 ( )

19. 企业的生产经营过程，既是物化劳动和活劳动的耗费过程，又是价值转移和产品创造的过程。 ( )

20. 对于计入产品成本的生产费用还可进一步划分为若干项目，在会计上称为“产品成本项目”。 ( )

21. 生产费用是构成产品成本的基础，产品成本是生产费用的归宿。 ( )

22. 将费用分解为固定费用和变动费用，是为了研究费用与产量的依存关系，有利于寻求降低成本费用的途径。 ( )

23. 广义在产品包括正在各个生产单位加工的在制品和已经完成一个或多个生产步骤尚未最终完工而需要继续加工的自制半成品。 ( )

五、名词解释

1. 生产费用

2. 生产费用要素

3. 产品成本项目

4. 变动费用

5. 固定费用

6. 辅助生产费用

7. 一次交互分配法

8. 计划分配率法（制造费用）

9. 可修复废品

10. 不可修复废品

11. 停工损失

12. 约当产量法

13. 定额比例法

六、简答题

1. 简述生产费用核算的一般程序。

2. 什么是工资总额？包括哪些内容？如何进行工资总额的计算？

3. 什么是制造费用？包括哪些内容？如何进行制造费用的分配？

4. 废品损失和停工损失是如何确认和计量的?

5. 生产费用在完工产品和期末在产品之间进行分配，常用的分配方法有哪些?

七、论述题

1. 生产费用与产品成本的关系如何?

2. 辅助生产费用的分配方法有哪些? 各自的优缺点及适用范围是什么?

八、填表题

（一）目的：练习对制造企业各种费用按经济内容和经济用途分类并了解其相互关系。

（二）资料：

1. 制造产品领用构成产品主要实体的外购材料。
2. 制造产品领用有助于产品形成的外购辅助材料。
3. 制造产品领用直接用于产品工艺过程的外购燃料。
4. 产品生产工艺过程直接耗用的外购动力。

5. 基本生产车间维修机器设备领用外购材料。

6. 基本生产车间照明耗用外购电力。

7. 基本生产车间生产工人工资及提取的附加费。

8. 基本生产车间管理人员、技术人员的工资及提取的附加费。

9. 基本生产车间各种机器设备应计提的折旧费。

10. 基本生产车间动力设备应计提的折旧费。

11. 基本生产车间支付的办公费、邮电费、印刷费。

（三）要求：根据以上资料，按其经济内容和经济用途进行分类，将分类结果按其序号填入表3－1的适当空格中。

表3－1

经济用途 经济内容	直接材料	直接人工	制造费用
外购材料			
外购燃料			
外购动力			
工资			
工资附加费			
折旧费			
利息支出			
税金			
其他支出			

九、业务计算题

习题一

（一）目的：练习多种产品共同耗用材料费用分配的核算。

（二）资料：

1. 某企业生产甲、乙、丙三种产品，原料及主要材料耗用情况见表3－2：

表3－2

<table>
<tr><th>材料类别</th><th>计量单位</th><th>单位成本（元）</th><th>甲产品</th><th>乙产品</th><th>丙产品</th></tr>
<tr><td>A材料</td><td>公斤</td><td>50.00</td><td colspan="2">2 300公斤</td><td>1 200公斤</td></tr>
<tr><td>B材料</td><td>公斤</td><td>25.00</td><td>1 500公斤</td><td colspan="2">52 200公斤</td></tr>
<tr><td>C材料</td><td>公斤</td><td>10.40</td><td colspan="3">84 000公斤</td></tr>
</table>

2. 产量和单位产品定额耗用量资料见表3－3：

表3－3

	单位产品定额耗用量（公斤）			产量（件）
	A材料	B材料	C材料	
甲产品	3.5	2.8	50.0	500
乙产品	4.5	30.0	10.0	600
丙产品	5.0	20.0	2.0	1 000

3. A、B材料按定额耗用量比例分配，C材料按产品产量比例分配。

（三）要求：根据上述资料，编制材料分配表和材料费用分配的会计分录。

习题二

（一）目的：练习直接人工费用的汇总和分配。

（二）资料：

1. 某企业生产车间的工资结算汇总表见表3－4：

表3－4　　（单位：元）

车间、部门	月标准工资	扣缺勤工资	各种奖金	各种津贴	各种补贴	应付工资	代扣款项			实付工资
							住房公积金	水电费	托儿费	
第一生产车间人员	12 000	240	3 000	1 200	360		480	520	250	
车间管理人员	2 400	85	480	220	120		180	150	60	
第二生产车间人员	9 820	125	2 800	960	240		350	260	180	
车间管理人员	1 960	60	400	180	60		120	130	80	
合　　计										

2. 该企业直接人工费用分配以生产工时为分配标准，第一生产车间甲产品生产工时为5 000小时，乙产品生产工时为3 000小时；第二生产车间甲产品生产工时为2 000小时，乙产品生产工时为1 000小时。

（三）要求：

1. 编制直接人工费用分配明细表和直接人工费用分配汇总表（工资附加费按14%的比例计提，明细科目略）。

2. 编制直接人工费用分配的会计分录。

习题三

（一）目的：练习辅助生产费用的分配。

（二）资料：

某企业设有供电、修理两个辅助生产车间，20××年1月份直接发生费用分别为：供电车间36 400元，修理车间33 600元。其提供的产品（或劳务）数量见表3－5。

表3－5

受益产品、车间或部门	供电车间（度）	修理车间（工时）
供电车间		600
修理车间	10 000	
甲产品	80 000	
基本生产车间	8 000	7 000
企业行政管理部门	12 000	3 000
合　计	110 000	10 600

（三）要求：

根据上列资料，采用直接分配法、一次交互分配法、计划成本法和代数分配法分别编制辅助生产费用分配表（表3－6至表3－9），并分别编制有关的会计分录。

假定每度电计划成本为0.345元，每修理工时计划成本为3.46元，成本差异计入管理费用。

表3－6　　**辅助生产费用分配表**

（直接分配法）

辅助生产车间	应分配费用总额	提供产品或劳务总量	分配率	各受益车间（产品）、部门受益数量			
				甲产品	基本生产车间	行政管理部门	合　计
供电车间							
修理车间							
合　计							

表3－7

辅助生产费用分配表

（一次交互分配法）

项目	交互分配				对外分配				金额合计
	供电车间		修理车间		供电车间		修理车间		
	数量	金额	数量	金额	数量	金额	数量	金额	
待分配费用									
劳务供应总量									
费用分配率									
修理车间									
供电车间									
甲产品									
基本生产车间									
企业管理部门									
合计									

表3－8

辅助生产费用分配表

（计划成本分配法）

项目	修理车间		供电车间		金额合计
	数量	金额	数量	金额	
待分配费用					
劳务供应总量					
计划分配率（单位成本）					
修理车间					
供电车间					
甲产品					
基本生产车间					
企业管理部门					
按计划成本分配合计					
实际辅助生产成本					
辅助生产成本差异					

表 3-9

辅助生产费用分配表

（代数分配法）

项　　目	修理车间		供电车间		金额合计
	数　量	金　额	数　量	金　额	
待分配费用					
劳务供应总量					
分配率					
修理车间					
供电车间					
甲产品					
基本生产车间					
企业管理部门					
合　　计					

习题四

（一）目的：练习制造费用归集与分配的核算。

（二）资料：某企业的一个基本生产车间生产 A、B、C 三种产品。生产工时共计 22 000 小时。其中，A 产品 7 500 小时，B 产品 8 500 小时，C 产品 6 000 小时。本月发生的各种生产费用如下：

1. 领用原材料 30 000 元，用于产品生产；领用一般消耗材料 850 元。
2. 应付工资 9 500 元。其中，生产工人工资 7 200 元，管理人员工资 2 300 元。
3. 按工资总额的 14% 计提工资附加费。
4. 计提固定资产折旧 3 520 元。
5. 预提固定资产大修理费 350 元。
6. 以银行存款支付办公费、劳动保护费等共计 2 908 元。
7. 辅助生产车间转入 8 200 元。

（三）要求：根据以上资料，编制各项费用发生和分配的会计分录。

习题五

（一）目的：练习制造费用的核算。

（二）资料：

华兴公司有两个基本生产车间，第一车间生产A、B两种产品，共发生制造费用84 000元；第二车间生产C产品，发生制造费用48 000元。三种产品实际耗用生产工时为：A产品10 000工时，B产品2 000工时，C产品6 000工时。

（三）要求：根据上述资料，编制制造费用分配明细表（见表3－10），并作出相关会计分录。

表3－10　　制造费用分配表

华兴公司　　20××年1月　　（单位：元）

成本计算对象	生产工时	分配率	分配金额
A产品			
B产品			
小　计			
C产品			
合　计			

习题六

（一）练习制造费用分配的核算。

（二）资料：某企业只有一个基本生产车间，全年制造费用计划234 000元。全年各种产品的计划产量为：甲产品19 000件，乙产品6 000件，丙产品8 000件。单位产品的工时定额为：甲产品5小时，乙产品7小时，丙产品7.25小时。本月实际产量为：甲产品1 800件，乙产品700件，丙产品500件。本月实际发生制造费用30 600元。

（三）要求：按计划分配率分配法分配该月的制造费用（见表3－11），并编制相应的会计分录。

表3－11　　制造费用分配表

（按年度计划分配率分配法）

车间：基本生产车间　　年　　月

应借科目	按实际产量计算的定额工时	年度计划分配率	分配金额（元）
生产成本——基本生产成本（甲产品）			
生产成本——基本生产成本（乙产品）			
生产成本——基本生产成本（丙产品）			
合　　计			

习题七

（一）目的：练习不可修复废品损失的核算。

（二）资料：某生产车间本月生产 A 产品，在生产过程中发现不可修复废品 30 件，按所耗定额费用计算不可修复废品的生产成本。单件产品原材料费用额为 50 元，废品已完成的定额工时共计 160 小时，每小时的直接人工为 3.5 元，制造费用为 2 元。另外，不可修复废品的残料作价 400 元，应由过失人赔款 80 元。

（三）要求：根据以上资料，计算 A 产品不可修复废品的生产成本及废品损失（见表 3－12），并编制相应的会计分录。

表 3－12 废品损失计算表

车间： 年 月 产品：

项 目	数 量	直接材料	生产工时	直接人工	制造费用	合 计

习题八

（一）目的：练习停工损失的核算。

（二）资料：光大公司 20××年 6 月份第一车间停工 5 天。停工期间发生的费用为：直接工资 1 000 元，计提的工资附加费 140 元，应分配的制造费用为 360 元。经查明，停工系责任事故造成，应由事故责任人王伟赔偿 500 元，其余由该车间两种产品按生产工时比例分配负担。甲产品生产工时为 16 000 小时，乙产品生产工时为 24 000 小时。

（三）要求：

1. 计算该车间的停工净损失。

2. 在甲、乙两种产品之间分配停工净损失。
3. 编制相关的会计分录。

习题九

（一）目的：练习生产费用在完工产品和在产品之间的分配。
（二）资料：某企业生产甲产品，需经过三道工序连续加工完成，原材料在生产开始时一次投入。本月完工产品5 000件，在产品2 000件。其他有关资料见表3－13、表3－14。
1. 工时定额和月末在产品数量：

表3－13

工　序	工时定额（小时）	在产品数量（件）
1	30	600
2	20	700
3	50	700
合　计	100	2 000

2. 成本资料：

表3－14　（单位：元）

项　目	直接材料	直接人工	制造费用	合　计
月初在产品成本	18 000	7 400	6 700	32 100
本月发生费用	100 000	32 600	23 300	155 900
合　计	118 000	40 000	30 000	188 000

（三）要求：
1. 计算各工序的完工率和月末在产品的约当产量（列式计算）。
2. 用约当产量法计算完工产品成本与月末在产品成本（列式计算）。
3. 根据计算结果，编制结转完工产品成本的会计分录。

习题十

（一）目的：练习完工产品与月末在产品成本的计算。

（二）资料：某产品月初在产品成本为：直接材料 1 400 元，直接人工 1 000 元，制造费用 600 元。本月生产费用为：直接材料 8 200 元，直接人工 6 200 元，制造费用 3 000 元。本月完工产品（4 000 件）定额为：直接材料费用定额 8 000 元，工时定额 5 000 小时。月末在产品（1 000 件）定额为：直接材料费用定额 2 000 元，工时定额 1 000 小时。

（三）要求：采用定额比例法计算完工产品成本与月末在产品成本（先列式计算，再填列表 3－15）。

表 3－15　　完工产品与月末在产品成本计算表

产品：　　　　年　　月　　　　（单位：元）

项　　目		直接材料	直接人工	制造费用	合　　计
月初在产品成本					
本月生产费用					
生产费用合计					
定额耗用量合计					
分配率					
完工产品	定额耗用量				
	实际成本				
月末在产品	定额耗用量				
	实际成本				

习题十一

（一）目的：练习在产品按定额成本计价法。

（二）资料：某企业甲产品的月初在产品费用和本月费用见表 3－16。

表 3－16　　（单位：元）

成本项目	直接材料	直接人工	制造费用	合　　计
月初在产品费用	2 040	1 250	1 008	4 298
本月生产费用	4 968	2 455	2 450	9 873

甲产品由 A 和 B 两种零件制成。其单位零件的原材料费用定额为：A 号 5 元、B 号 4

元。原材料在零件投产时一次投入。

甲产品本月完工400台。月末在产品的盘存数量为：A号240件，B号260件。A号零件在产品的工时定额为2小时，B号零件在产品的工时定额为1.5小时。

单位工时的计划工资、制造费用单价为：工资0.8元，制造费用1.60元。

甲产品单台原材料费用定额为9元，单台工时定额为4小时。

（三）要求：根据上述资料采用定额成本法计算甲产品的完工产品成本和在产品成本，并填列表3－17、表3－18。

表3－17　　甲产品月末在产品定额成本计算表

年　月　　（单位：元）

零件号	在产品数量	原材料费用		工时		工资计划单价（0.8元）	制造费用计划单价（1.6元）	定额成本合计
		单位定额	定额费用	单位定额	定额工时			
A								
B								
合计								

表3－18　　甲产品成本计算单

（定额成本法）

产品名称：甲产品　　年　月　　（单位：元）

摘要	直接材料	直接人工	制造费用	合计
月初在产品费用				
本月费用				
合计				
完工产品成本				
月末在产品成本				

第四章

产品成本计算方法的确定

一、填空题

1. 按照企业的生产工艺过程特点，生产类型可分为 ____________和____________两类。

2. 按照生产组织的特点，生产类型可分为__________________、__________________和__________________三类。

3. 我们一般将生产费用的归集对象和生产耗费的承担者称为______________。

4. 常用的成本计算方法有______________、______________、______________。

5. 以产品品种为成本计算对象计算产品成本的方法叫______________。

6. 产品成本核算的分步法根据各生产步骤成本计算和结转要求的不同分为______________和______________。

7. 单步骤生产是指______________不能间断，或者由于 ______________的限制不便于分散在几个不同地点进行生产的作业组织。

8. 大量生产是指不断地______________品种相同的产品，生产产品的品种一般较少，而且比较稳定。

9. 在单步骤生产条件下，成本计算只需按______________进行，不需也不可能按________________计算成本。

10. 在单件、小批生产的情况下，产品成本的计算期间与产品的生产周期___________。

二、单项选择题

1. 制造企业按生产工艺的特点，可以分为（　　）。
   A. 单步骤生产和多步骤生产　　B. 简单生产和单步骤生产
   C. 复杂生产和多步骤生产　　D. 大量大批生产和单件小批生产

2. 成本核算方法中，成本计算期与生产周期一致的方法是（　　）。
   A. 品种法　　B. 分批法
   C. 分步法　　D. 分类法

3. 确定成本核算基本方法的主要依据是（　　）。
   A. 成本计算期　　B. 生产周期

C. 费用归属期　　D. 成本核算对象

4. 能够及时反映和监督产品成本脱离定额成本差异的方法是（　　）。

A. 分步法　　B. 分批法

C. 分类法　　D. 定额法

5. 标准成本制度是为了加强企业内部成本控制和分析、评价、衡量成本控制绩效所采用的一种成本控制方法，是在（　　）的基础上实行的。

A. 分批法和品种法　　B. 分类法和分步法

C. 分批法和分步法　　D. 分类法和定额法

6. 管理上要求分步计算半成品成本时，应当采用（　　）。

A. 定额法　　B. 分步法

C. 平行结转分步法　　D. 品种法

7. 下列方法中，不属于成本核算基本方法的是（　　）。

A. 品种法　　B. 分类法

C. 分批法　　D. 逐步结转分步法

8. 成本核算基本方法命名的依据是（　　）。

A. 成本核算对象　　B. 成本计算期

C. 生产周期　　D. 生产费用的分配方法

9. 下列企业中，不属于多步骤生产的是（　　）。

A. 纺织企业　　B. 采掘企业

C. 冶金企业　　D. 造船企业

10. 下列支出中，应记入当期生产经营费用的是（　　）。

A. 资本性支出　　B. 生产性支出

C. 营业外支出　　D. 福利费支出

11. 区分各种成本计算方法的主要标志是（　　）。

A. 成本计算对象　　B. 成本计算期

C. 间接费用的分配方法　　D. 完工产品与在产品之间分配费用的方法

三、多项选择题

1. 制造企业产品的生产工艺过程的特点有（　　）。

A. 工作地点的限制　　B. 生产过程是否连续

C. 生产步骤　　D. 品种的稳定程度

2. 按照不同的分类标准，企业的生产类型可以进行不同的分类，按照生产组织的特点可分为（　　）。

A. 大量生产　　B. 大批生产

C. 成批生产　　D. 单件生产

3. 确定成本核算对象的基本原则有（　　）。

A. 符合企业生产的特点　　B. 与成本核算机构相一致

C. 满足企业成本管理的要求　　D. 与成本计算方法相关联

4. 构成产品成本核算方法的基本要素有（　　）。

A. 成本计算期　　B. 完工产品与在产品之间费用的分配
C. 成本核算对象　　D. 期间费用的分配

5. 管理上要求计算产品的半成品成本时，应当采用（　　）。
A. 品种法　　B. 逐步结转分步法
C. 分批法　　D. 平行结转分步法

6. 多步骤生产按照产品加工方式的不同，可以分为（　　）。
A. 简单式多步骤生产　　B. 连续式多步骤生产
C. 复杂生产　　D. 装配式多步骤生产

7. 下列属于大量生产的有（　　）。
A. 造船　　B. 钢铁　　C. 纺织　　D. 雷达

8. 下列企业中，属于多步骤生产的有（　　）。
A. 纺织企业　　B. 采掘企业
C. 冶金企业　　D. 造船企业

9. 下列支出中，不应记入当期生产经营费用的有（　　）。
A. 资本性支出　　B. 生产性支出
C. 营业外支出　　D. 福利费支出

四、判断并改错题

1. 单步骤生产是指工艺过程由若干个可以间断的、分散在不同地点进行的生产组织。（　　）
2. 确定成本核算对象的原则是符合企业生产的特点，满足成本管理的要求。（　　）
3. 按照生产组织的特点，生产可分为单步骤生产和多步骤生产。（　　）
4. 品种法和分批法的成本计算期与产品生产周期一致。（　　）
5. 企业可以以一种成本核算方法为主，结合其他成本核算方法加以综合应用。（　　）
6. 企业应当根据其生产特点和成本管理的要求来选择成本核算方法。（　　）
7. 分批法应按产品的批次（生产通知单、产品定单）开设产品成本计算单，计算产品成本。（　　）
8. 品种法、分批法、分步法的主要区别在于成本计算期不同。（　　）
9. 成本管理的要求直接影响成本计算期。（　　）
10. 一个企业可以同时采用几种成本核算方法。（　　）

五、连线题

大量生产	单步骤生产	管理上不要求 分步计算成本	品种法
成批生产	多步骤生产	管理上要求 分步计算成本	分步法
单件生产			分批法

六、名词解释

1. 成本计算对象

2. 成本计算期

七、简答题

1. 什么是成本核算对象？确定成本核算对象的原则有哪些？

2. 成本核算的基本方法有哪些？各自的适用范围如何？

3. 举例说明几种成本核算方法能否结合应用？

4. 某企业制造甲产品需经过多个生产步骤完成，是否一定要按产品的生产步骤计算成本？

八、论述题

如何根据生产特点和成本管理要求来确定成本计算对象？

第五章

产品成本计算的品种法

一、填空题

1. 品种法是以____________为成本计算对象，归集生产费用，计算产品成本的一种方法。

2. ____________是产品成本计算的最基本方法。

3. 在单步骤生产企业，由于没有或很少有在产品，因而不存在将生产费用在____________和____________之间进行分配的问题。

4. 如果企业或车间生产两种或两种以上产品，则需要按____________设成本明细账，对发生的各种____________直接记入各有关产品成本明细账，对发生的____________应采用适当的分配方法，分配记入各有关产品成本明细账。

5. 在大量大批____________或____________生产的企业，由于不断有完工产品产出，不可能在产品完工时立即进行成本计算，所以只能在月末计算当期产出的产品成本。

6. 按产品品种开设基本生产成本明细账，按____________设置专栏。

7. 月末将各产品基本生产成本明细账上所汇集的____________，采用适当的方法在完工产品和在产品之间进行分配，计算出____________的成本和____________的成本，编制完工产品成本汇总表。

8. 单步骤生产的品种法，月终不需将生产费用在完工产品和在产品之间进行划分的主要原因是____________或____________。

9. 品种法成本计算期的特点是与____________一致。

二、单项选择题

1. 单步骤生产的企业或车间，采用品种法计算产品成本时，产品基本生产成本明细账应当按照（　　）设置。

A. 产品品种　　B. 生产部门

C. 产品批别　　D. 生产步骤

2. 多步骤生产的企业或车间，采用品种法计算产品成本时，产品基本生产成本明细账应当按照（　　）设置。

A. 产品品种　　B. 生产部门
C. 产品批别　　D. 生产步骤

3. 品种法成本计算期的特点是（　　）。

A. 与生产周期一致　　B. 据管理要求确定
C. 与会计报告期一致　　D. 在有完工产品产出时确定

4. 产品成本计算的品种法是一种（　　）成本计算方法。

A. 最简单的　　B. 最基本的
C. 最复杂的　　D. 最特殊的

5. 品种法应以（　　）为成本核算对象，据以开设成本明细账。

A. 生产单位　　B. 生产车间
C. 产品品种　　D. 产品结构

6. 品种法适用的生产组织方式是（　　）。

A. 大量生产　　B. 成批生产
C. 多步骤生产　　D. 单件小批生产

7. 产品成本计算的基本方法是（　　）。

A. 直接法　　B. 顺序法
C. 代数法　　D. 品种法

8. 如果企业或车间生产两种或两种以上产品，则需要按每种产品设成本明细账，对发生的各种（　　）直接记入各有关产品成本明细账。

A. 直接费用　　B. 间接费用
C. 期间费用　　D. 变动费用

9. 按产品品种开设基本生产成本明细账，按（　　）设置专栏。

A. 直接费用　　B. 成本项目
C. 期间费用　　D. 变动费用

三、多项选择题

1. 品种法的适用范围有（　　）。

A. 小批单件生产
B. 大量大批单步骤生产
C. 大量大批多步骤生产
D. 管理上不要求分步计算成本的大量大批多步骤生产

2. 单步骤生产的品种法，月终不需将生产费用在完工产品和在产品之间进行划分的主要原因有（　　）。

A. 没有在产品　　B. 在产品数量很少
C. 在产品数量固定　　D. 在产品数量很多

3. 适用品种法计算产品成本的企业有（　　）。

A. 供电企业　　B. 造纸企业

C. 采掘企业　D. 专用机械制造企业

4. 品种法的特点有（　）。

A. 以产品品种为成本计算对象

B. 按生产步骤设置基本生产成本明细账，计算产品成本

C. 成本计算期按月定期进行

D. 期末如果有在产品，需在完工产品和在产品之间进行费用分配

5. 企业在确定成本计算方法时，必须从企业的具体情况出发，同时考虑（　）因素。

A. 企业的生产特点　B. 企业生产规模的大小

C. 进行成本管理的要求　D. 月末有没有在产品

6. 产品成本计算的辅助方法包括（　）。

A. 定额比例法　B. 系数法

C. 分类法　D. 定额法

7. 下列企业中，适合运用品种法计算产品成本的有（　）。

A. 糖果厂　B. 饼干厂

C. 拖拉机厂　D. 造船厂

8. 下列成本计算方法中，成本计算期与生产周期一致的有（　）。

A. 分批法　B. 小批单件法

C. 品种法　D. 分步法

四、判断并改错题

1. 单步骤品种法的成本计算对象是产品品种。（　）

2. 多步骤品种法的成本计算对象是生产步骤。（　）

3. 品种法也适用于大量大批生产，而且管理上不要求分步骤计算产品成本的多步骤生产企业。（　）

4. 品种法成本计算期与生产周期一致。（　）

5. 在品种法下，不存在在完工产品和在产品之间进行费用分配的问题。（　）

6. 产品成本计算的品种法，是以产品批别为成本计算对象，归集生产费用，计算产品成本的一种方法。（　）

7. 品种法适用于多步骤生产的企业或车间，同时也适用于品种不多的大量大批生产。（　）

8. 企业生产工艺过程的特点和生产组织的特点，决定了品种法的特点。（　）

9. 按产品品种开设基本生产成本明细账，按成本项目设置专栏。（　）

10. 月末将各产品基本生产成本明细账上所汇集的全部费用，采用适当的方法在完工产品和在产品之间进行分配，计算出完工产品的成本和在产品的成本。（　）

五、名词解释

品种法

六、简答题

1. 简述品种法的适用范围。

2. 简述品种法的特点。

七、论述题

试述品种法的成本计算程序。

八、业务计算题

（一）目的：练习产品成本计算的品种法。

（二）资料：某企业设一个基本生产车间，生产甲、乙两种产品，采用品种法计算产品成本，原材料一次投入，采用约当产量法计算期末在产品成本。设锅炉、机修两个辅助生产车间，辅助生产费用采用直接分配法分配。有关成本计算资料如下：

1. 月初在产品成本。

甲产品无月初在产品成本。乙产品月初在产品 200 件，成本为 96 000 元，其中，直接材料成本 54 000 元，直接人工成本 24 000 元，制造费用 18 000 元。

2. 本月基本生产、辅助生产产量及工时消耗记录见表 5－1、表 5－2。

（1）本月材料费用分配汇总表见表 5－3。

（2）本月工资及附加费分配表见表 5－4。

（3）本月外购动力费用分配表见表 5－5。

（4）本月固定资产折旧费用分配表见表 5－6。

（5）本月其他支出汇总表见表5－7。

表5－1　　本月产品产量及工时消耗记录

项　　目	单　位	甲产品	乙产品
本月投产	件	1 000	1 400
本月完工	件	1 000	1 500
月末在产品	件		100
完工程度			50%
生产工时消耗	工时	40 000	50 000

表5－2　　本月辅助生产产品、劳务供应汇总表

辅助车间	受益产品、车间、部门受益数量				
	基本生产车间	锅炉车间	机修车间	管理部门	合　计
锅炉（立方米）	32 000		10 000		42 000
机修（工时）	18 500	2 000		1 500	22 000

表5－3　　材料费用分配汇总表

年　　月　　（单位：元）

领料部门及用途		原料及主要材料	外购半成品	辅助材料	燃　料	修理用备件	合　计
基本生产	甲产品	143 000	100 000	80 000			323 000
	乙产品	730 000	120 000	10 000			860 000
	一般耗用			15 000	2 000		17 000
辅助生产	锅炉			2 000	68 000		70 000
	机修			4 000		16 000	20 000
厂部	一般耗用			2 000		1 000	3 000
合　　计		873 000	220 000	113 000	70 000	17 000	1 293 000

表5－4　　工资及附加费分配表

（单位：元）

产品车间部门		工资费用分配	计提附加费	合　　计
基本生产	甲产品生产工人	210 000	29 400	239 400
	乙产品生产工人	360 000	50 400	410 400
	管理人员	25 000	3 500	28 500
辅助生产	锅炉	34 000	4 760	38 760
	机修	19 000	2 660	21 660
厂部	管理人员	68 000	9 520	77 520
合　　计		716 000	100 240	816 240

表 5 - 5　　外购动力费用分配表

（单位：元）

耗用部门及用途		耗电量（度）	单位成本	分配额
基本生产	甲产品	10 000	0.5	5 000
	乙产品	24 000	0.5	12 000
	车间用	8 000	0.5	4 000
辅助生产	锅炉	15 000	0.5	7 500
	机修	6 000	0.5	3 000
合　计		63 000	0.5	31 500

表 5 - 6　　折旧费用分配表

（单位：元）

项　目	基本生产车间	辅助生产车间		厂　部	合　计
		锅　炉	机　修		
折旧费	43 000	16 000	10 000	18 000	87 000

表 5 - 7　　其他支出汇总表

（单位：元）

车间、部门		费用项目					合　计
		办公费	差旅费	招待费	水　费	运输费	
基本生产车间		1 900	6 000		4 500	5 300	17 700
辅助生产车间	锅炉	800	3 000		2 600		6 400
	机修	400			600		1 000
厂　部		6 000	28 000	14 000	1 700	4 500	54 200
合　计		9 100	37 000	14 000	9 400	9 800	79 300

（三）要求：

1. 开设甲、乙两种产品基本生产成本明细账（见表 5 - 8、表 5 - 9），开设锅炉车间、机修车间辅助生产成本明细账（见表 5 - 10、表 5 - 11），开设基本生产车间制造费用明细账（见表 5 - 12）。辅助车间发生的制造费用，直接记入各自生产成本明细账，不通过制造费用账户归集后再分配。

2. 根据有关费用分配表登记基本生产成本明细账、辅助生产成本明细账、制造费用明细账、管理费用明细账，编制辅助生产费用分配表（见表 5 - 13）。

3. 根据辅助生产费用分配表登记制造费用明细账、管理费用明细账，编制制造费用分配表（见表 5 - 14）。

4. 根据制造费用明细账登记基本生产成本明细账。计算结转甲、乙产品完工产品成本。

5. 编制完工产品成本汇总表（见表 5 - 15）。

表 5－8　　基本生产成本明细账

产品名称：甲产品　　（单位：元）

年		凭证号数	摘　　要	直接材料	直接人工	制造费用	合　计
月	日						
	略	略	分配材料费用				
			分配工资及附加费				
			分配外购动力费用				
			分配制造费用				
			本期合计				
			本期完工产品单位成本				
			结转本期完工产品总成本				

表 5－9　　基本生产成本明细表

产品名称：乙产品　　（单位：元）

年		凭证号数	摘　　要	直接材料	直接人工	制造费用	合　计
月	日						
	略	略	期初在产品成本				
			分配材料费用				
			分配工资及附加费				
			分配外购动力费用				
			分配制造费用				
			本期合计				
			本期完工产品单位成本				
			结转本期完工产品总成本				
			期末在产品成本				

表 5－10　　辅助生产成本明细账

锅炉车间　　（单位：元）

年		凭证号数	摘　　要	材料费	工资	工资附加费	折旧费	动力费用	其他费用	合　计
月	日									
	略	略	分配材料费用							
			分配工资费用							
			分配附加费							
			分配折旧费用							
			分配动力费用							
			分配其他费用							
			本月发生							
			本月转出							

表 5-11　　辅助生产成本明细账

机修车间　　（单位：元）

年		凭证号数	摘　要	材料费	工资	工资附加费	折旧费	动力费用	其他费用	合　计
月	日									
	略	略	分配材料费用							
			分配工资费用							
			分配附加费							
			分配折旧费用							
			分配动力费用							
			分配其他费用							
			本月发生							
			本月转出							

表 5-12　　制造费用明细账

基本生产车间　　（单位：元）

年		凭证号数	摘　要	材料费	工资	工资附加费	折旧费	电费	修理费	供气费	其他	合计
月	日											
	略	略	分配材料费用									
			分配工资费用									
			分配附加费									
			分配折旧费用									
			分配外购动力费用									
			分配机修费用									
			分配锅炉供气费用									
			分配其他费用									
			本月发生									
			本月转出									

表 5-13　　辅助生产费用分配表（直接分配法）

年　　月

辅助生产车间	应分配费用	提供劳务总量	对外分配数量	分配率	分配额			
					基本生产车间		管理部门	
					数量	金额	数量	金额
锅炉								
机修								
合计		—	—	—	—			

表 5－14

制造费用分配表

年 月

（单位：元）

分配对象（产品）	分配标准（生产工时）	分配率	分配金额
甲产品			
乙产品			
合 计			

注：分配率保留7位小数，单位成本保留5位小数。

表 5－15

完工产品成本汇总表

年 月

（单位：元）

产品名称 \ 成本 \ 成本项目		直接材料	直接人工	制造费用	合 计
甲产品（1 000 件）	总成本				
	单位成本				
乙产品（1 500 件）	总成本				
	单位成本				

第六章

产品成本计算的分批法

一、填空题

1. 分批法是以________为成本计算对象，归集生产费用，计算产品成本的一种方法。

2. 分批法成本计算期通常与________一致。

3. 分批法一般不需要计算________成本。

4. 在采用简化的分批法时，除按产品批别设置基本生产成本明细账外，还必须设置________账。

5. 在简化的分批法下，月末各未完工批次的基本生产成本明细账，只反映了累计________和累计________，不反映各该批次的________。

6. 分批法也称________，它适用于单件、小批生产的企业或车间。

7. 简化的分批法在单件小批生产的企业或车间，由于组织投产的产品批次很多，________分配工作量很大，而且各月未完工的批次也很多的情况下采用。

8. 分批法主要适用于________、________，管理上不要求分步骤计算成本的________生产。

9. 简化的分批法，也称________法或________法。

10. 采用简化的分批法，各项间接费用累计分配率，既是________之间分配间接费用的依据，也是________之间分配间接费用的依据。

二、单项选择题

1. 分批法适用的生产组织形式是（　　）。

A. 大量大批单步骤生产　　B. 大量大批多步骤生产

C. 小批单件生产　　D. 大量大批复杂生产

2. 分批法的成本计算程序与（　　）一致。

A. 品种法　　B. 分类法

C. 分步法　　D. 定额法

3. 在简化分批法下，基本生产成本二级账记录各批产品的（　　）。

A. 累计直接材料费用和生产工时　　B. 累计直接人工费用和生产工时

C. 累计制造费用和生产工时　　D. 累计生产费用和生产工时

4. 简化的分批法（　　）。

A. 不分配结转完工产品间接计入费用　　B. 不分配结转完工产品直接计入费用

C. 不分配结转在产品间接计入费用　　D. 不分配结转在产品直接计入费用

5. 下列（　　）属于产品成本计算的基本方法。

A. 分类法　　B. 定额法

C. 分批法　　D. 直接法

6. 分批法适用于（　　）。

A. 小批生产　　B. 大批生产

C. 大量生产　　D. 多步骤生产

7. 分批法一般是按客户的订单来组织生产的，所以也叫（　　）。

A. 定单法　　B. 系数法

C. 分类法　　D. 定额法

8. 在简化的分批法下，累计间接费用分配率（　　）。

A. 只是在各批产品之间分配间接费用的依据

B. 只是在各批在产品之间分配间接费用的依据

C. 既是各批产品之间，也是完工产品和在产品之间分配间接费用的依据

D. 只是完工产品和在产品之间分配间接费用的依据

9. 采用简化的分批法，在产品完工之前，产品成本明细账（　　）。

A. 不登记任何费用　　B. 只登记直接费用和生产工时

C. 只登记原材料费用　　D. 登记间接费用，不登记直接费用

10. 分批法一般不需要计算（　　）成本。

A. 在产品　　B. 产成品

C. 半成品　　D. 原材料

三、多项选择题

1. 下列企业中适用分批法计算产品成本的有（　　）。

A. 船舶制造　　B. 汽车制造

C. 服装加工　　D. 精密仪器制造

2. 分批法的特点有（　　）。

A. 以产品的批别或订单为成本计算对象

B. 成本计算期通常与产品的生产周期一致

C. 一般不需要计算期末在产品成本

D. 月末需要计算完工产品成本

3. 在简化分批法下，各批别基本生产成本明细账中平时记录的内容有（　　）。

A. 累计的直接材料费用　　B. 累计的直接人工费用

C. 累计的制造费用　D. 累计的生产工时

4. 在简化的分批法下，期末计算完工产品成本时，从基本生产成本二级账中转出的项目有（　　）。

A. 各批完工产品应负担的直接材料费用　B. 各批完工产品应负担的直接人工费用

C. 各批完工产品应负担的制造费用　D. 各批完工产品应负担的累计生产工时

5. 简化分批法适用范围的应用条件是（　　）。

A. 同一月份投产的产品批数很多　B. 月末完工产品的批数较少

C. 各月间接费用水平相差不多　D. 各月生产费用水平相差不多

6. 采用简化的分批法，各月（　　）。

A. 只计算完工产品成本　B. 只对完工产品分配间接费用

C. 不分批计算在产品成本　D. 不在完工产品与在产品之间分配费用

7. 分批法和品种法的主要区别有（　　）不同。

A. 成本计算对象　B. 成本计算期

C. 生产周期　D. 会计核算期

8. 采用分批法计算产品成本时，如果批内产品跨月陆续完工的情况不多，完工成品数量占全部批量的比重很小，先完工的产品可以（　　）从产品成本明细账转出。

A. 按计划单位成本计价　B. 按定额单位成本计价

C. 按近期相同产品的实际单位成本计价　D. 按实际单位成本计价

9. 采用简化的分批法，各月（　　）。

A. 只计算完工产品成本　B. 只对完工产品分配间接费用

C. 不分批计算在产品成本　D. 不在完工产品与在产品之间分配费用

四、判断并改错题

1. 分批法的成本计算对象是产品的批别或订单。（　　）

2. 分批法的成本计算期与会计报告期一致。（　　）

3. 分批法需要计算期末在产品成本。（　　）

4. 在简化的分批法下，基本生产成本二级账期末只反映各批别在产品的直接材料成本。（　　）

5. 简化的分批法即不分批计算在产品成本的分批法。（　　）

6. 分批法是以产品的生产步骤作为成本计算对象，设置成本明细账。企业应根据订单下达生产通知单。（　　）

7. 采用分批法计算成本，通常是在一批产品全部完工后才计算成本，所以成本计算期不一定在月末，而是与产品的生产周期相一致。（　　）

8. 当某批别产品全部完工时，将记入该种产品成本明细账中的各项费用，按成本项目加以汇总，计算出该批产品的总成本和单位成本。（　　）

9. 如果一张订单规定有几种产品，也应合为一批组织生产。（　　）

10. 简化的分批法是不分批计算在产品成本的分批法。（　　）

五、名词解释

1. 分批法

2. 简化的分批法

六、简答题

1. 简述分批法的适用范围。

2. 简述简化分批法的特点。

七、论述题

试述分批法的特点。

八、业务计算题

习题一

（一）目的：练习同批产品跨月陆续完工的分批法。

（二）资料：

某企业20××年3月份接一份订单，订购甲产品100件，生产批号为311号，3月11日投产，4月份完工25件，5月份完工40件，6月份全部完工。该企业按定额成本结转跨月陆续完工的产品成本。其单位定额成本分别为直接材料400元，直接人工350元，制造费用100元。各月发生费用情况见表6－1。

表6－1　　甲产品各月发生费用记录

（单位：元）

摘　　要	直接材料	直接人工	制造费用
3月份分配转入费用	6 800	5 200	2 550
4月份分配转入费用	11 000	9 000	2 400
5月份分配转入费用	12 000	11 000	2 500
6月份分配转入费用	10 200	9 800	2 550

（三）要求：

按批别开设甲产品基本生产成本明细账（见表6－2），根据所给资料登记该账，并在4、5月份按定额成本结转跨月陆续完工产品成本，6月份全部完工时，计算完工产品总成本和单位成本。

表6－2　　基本生产成本明细账

生产批号：　　投产日期：

产品名称：　　完工日期：

生产批量：

年		凭证号数	摘　　要	直接材料	直接人工	制造费用	合　计
月	日						

习题二

（一）目的：练习简化的分批法。

（二）资料：

某企业采用简化的分批法计算产品成本，20××年5月份有关生产情况见表6-3。

表6-3　某企业生产情况表

批号	产品名称	投入产量	本月完工数量	月末在产品数量
4601	甲产品	上月投产100件	80件	20件
4602	乙产品	上月投产250件	250件	
4603	丙产品	本月投产180件		180件

各批产品均为一次投料方式。

各批产品期初余额：直接材料为240 000元，其中，甲产品为140 000元，乙产品为100 000元；直接人工为86 500元；制造费用为65 000元；生产工时为5 000工时，其中，甲产品为3 000工时，乙产品为2 000工时。

各批产品本月发生数：丙产品分配转入材料80 000元；发生直接人工费用43 500元；发生制造费用35 000元；发生工时数4 500工时，其中，甲产品2 000工时，乙产品1 500工时，丙产品1 000工时。甲产品完工80件，实耗工时为4 000工时。乙产品全部完工。

（三）要求：

开设基本生产二级账见表6-4，开设4601、4602、4603各批别产品基本生产成本明细账见表6-5、表6-6、表6-7。

表6-4　基本生产成本二级账

年		凭证号数	摘　　要	直接材料	生产工时	直接人工	制造费用	合　计
月	日							
	略	略	期初余额					
			本月发生					
			累计					
			全部产品累计间接费用分配率					
			本月完工产品转出					
			期末余额					

表 6－5　　基本生产成本明细账

生产批号：　　　　投产日期：

产品名称：　　　　完工日期：

生产批量：

年		凭证号数	摘　要	直接材料	生产工时	直接人工	制造费用	合　计
月	日							
	略	略	期初余额					
			本月发生					
			累计					
			累计间接费用分配率					
			结转本月完工产品成本					
			完工产品单位成本					
			期末余额					

表 6－6　　基本生产成本明细账

生产批号：　　　　投产日期：

产品名称：　　　　完工日期：

生产批量：

年		凭证号数	摘　要	直接材料	生产工时	直接人工	制造费用	合　计
月	日							
	略	略	期初余额					
			本月发生					
			累计					
			累计间接费用分配率					
			结转本月完工产品成本					
			完工产品单位成本					
			期末余额					

表 6－7　　基本生产成本明细账

生产批号：　　　　投产日期：

产品名称：　　　　完工日期：

生产批量：

年		凭证号数	摘　要	直接材料	生产工时	直接人工	制造费用	合　计
月	日							
	略	略	本月发生					
			累计					
			期末余额					

据上述资料登记基本生产成本二级账及各批别基本生产成本明细账。

计算累计间接计入费用分配率，计算各批完工产品应负担的间接计入费用。计算甲、乙两批完工产品总成本和单位成本。

注：累计间接计入费用分配率和产品单位成本，分配率除不尽的，保留4位小数，金额保留2位小数。

第七章

产品成本计算的分步法

一、填空题

1. 产品成本计算的分步法，是按产品的______________归集生产费用，计算产品成本的一种方法。

2. 分步法主要适用于______________、______________的______________生产。

3. 采用分步法，各生产步骤成本的计算和结转采用两种不同的方法：______________和______________。

4. 逐步结转分步法是为了计算______________成本而采用的一种分步法。因此，这种方法亦称计算______________成本分步法。

5. 采用逐步结转分步法，按结转的半成品成本在下一步骤产品成本明细账中的反映方法，分为______________和______________两种方法。

6. 综合逐步结转分步法，可以按半成品的______________成本结转，也可以按半成品的______________成本结转。

7. 采用平行结转分步法，各步骤不计算______________成本，也不计算各步骤所耗上一步骤的______________成本，只计算本步骤所发生的各项生产费用以及这些费用中应计入产成品成本的______________。

8. 在平行结转分步法下，完工产品与月末在产品之间的费用分配，通常采用______________法或______________法。

9. 分步法的成本计算期与______________一致，按______________计算产品成本。

10. 采用逐步结转分步法时，如果各步骤生产的半成品完工之后，并非为下一步骤立即使用，则需通过______________来实现实物的转移，这时，应设置______________明细账来反映完工入库和生产领用半成品成本的结转情况。

11. 半成品验收入库时，借记______________科目，贷记______________科目，下一个步骤领用时，做相反的会计分录。

12. 成本还原是将完工产品成本中的______________项目的综合成本，分解为

______________。

13. 分项结转分步法，是将上一步骤半成品成本按照______________分项结转到下一步骤成本计算单上相应的______________的一种方法。

14. 采用平行结转分步法计算产品成本，不论半成品实物是在各生产步骤之间直接转移还是通过半成品库收发，均不通过______________科目进行总分类核算。

15. 采用平行结转分步法计算产品成本时，所谓在产品成本是指______________，它包括本步骤加工中的在产品成本和本步骤已加工完成但未形成最终产品的半成品成本。

16. 采用平行结转分步法计算产品成本，待产品完工入库时，应计算各步骤应计入产品的______________，从______________科目的贷方转入______________科目的借方。

17. 分步法的成本计算期与______________一致，与______________不一致。

18. 逐步结转分步法也称为________________成本的方法。它是逐步计算并结转______________，直到______________计算出产成品成本的方法。

19. 平行结转分步法是将各生产步骤应计入______________________成分的份额______________，以求得产成品成本的方法。

20. 采用逐步结转分步法的综合结转方式时，为了反映产品成本的______________，必须对自制半成品项目的成本进行______________。

21. 采用逐步结转分步法，各步骤成本计算单中归集的费用，应在______________与______________之间进行分配。

22. 采用平行结转分步法，各步骤成本计算单中归集的费用，应在______________与______________之间进行分配。

二、单项选择题

1. 成本还原是将（　　）耗用各步骤半成品的综合成本，逐步分解还原为原始成本项目的成本。

A. 广义在产品　　B. 自制半成品

C. 狭义在产品　　D. 产成品

2. 分步法中，半成品已经转移，但成本不结转的成本结转方式是（　　）。

A. 逐步结转　　B. 平行结转

C. 综合结转　　D. 分项结转

3. 分步法中，必须进行成本还原的成本结转方式是（　　）。

A. 逐步结转　　B. 平行结转

C. 综合结转　　D. 分项结转

4. 将上一步骤转入的半成品成本全部计入下一步骤成本计算单中的“自制半成品”成本项目，这种成本结转方式称为（　　）。

A. 成本还原　　B. 综合结转

C. 分项结转　　D. 平行汇总

5. 成本还原是指从（　　）一个生产步骤开始，将其耗用的上一步骤自制半成品的综合成本，按照上一步骤完工半成品的成本构成，还原为原来成本项目的成本。

A. 最后　　B. 最前

C. 中间　　D. 任意

6. 逐步结转分步法中，在产品是指（　　）。

A. 自制半成品　　B. 广义在产品

C. 狭义在产品　　D. 半成品和产成品

7. 平行结转分步法中在产品是指（　　）。

A. 本步骤在产品　　B. 最终产成品

C. 狭义在产品　　D. 广义在产品

8. 在一般情况下，下列企业中适合选择平行结转分步法的是（　　）。

A. 纺织　　B. 采掘

C. 冶金　　D. 重型机械制造

9. 下列企业中，必须采用逐步结转分步法计算产品成本的是（　　）。

A. 采掘企业　　B. 有半成品对外销售的企业

C. 发电厂　　D. 单件小批生产企业

10. 采用逐步综合结转方式，当上一步骤完工的半成品全部转入下一步骤继续加工时，上一步骤成本计算单中的完工产品成本，与下一步骤成本计算单中自制半成品项目的本月发生额的关系是（　　）。

A. 没有必然联系　　B. 前者大于后者

C. 两者必然相等　　D. 后者大于前者

11. 产品成本计算的分步法是（　　）。

A. 分车间计算产品成本的方法

B. 计算各步骤半成品和最后步骤产品成本的方法

C. 按生产步骤计算产品成本的方法

D. 计算产品成本中各步骤“份额”的方法

12. 采用逐步结转分步法，在完工产品与在产品之间分配费用，是指在（　　）两者之间的费用分配。

A. 产成品与月末在产品

B. 完工半成品与月末加工中的在产品

C. 产成品与广义在产品

D. 前面步骤的完工半成品与加工中的在产品，最后步骤的产成品与加工中的在产品

13. 成本还原的对象是（　　）。

A. 产成品成本　　B. 各步骤所耗上一步骤半成品的综合成本

C. 最后步骤的产成品成本　　D. 各步骤的半成品成本

14. 进行成本还原，应以还原分配率分别乘以（　　）。

A. 本月所产半成品各个成本项目的费用

B. 本月所耗半成品各个成本项目的费用

C. 本月所产该种半成品各个成本项目的费用

D. 本月所耗该种半成品各个成本项目的费用

15. 采用平行结转分步法（　　）。

A. 不能全面反映各个生产步骤产品的生产耗费水平

B. 能够全面反映各个生产步骤产品的生产耗费水平
C. 能够全面反映第一个生产步骤产品的生产耗费水平
D. 能够全面反映最后一个生产步骤产品的生产耗费水平

16. 分步法适用于（　　）。
A. 大量大批生产　　B. 单件生产
C. 小批生产　　D. 大量生产

17. 采用分项逐步结转分步法时，在产品应负担上车间（步骤）转入的费用应该等于上车间转入费用除以上车间转入半成品数，再乘以（　　）。
A. 在产品约当产量　　B. 在产品数量
C. 完工产品数量　　D. 广义在产品数量

18. 采用分项逐步结转分步法时，在产品应负担的本月发生费用应该等于本车间发生费用除以（　　），再乘以在产品约当产量。
A. 在产品约当产量　　B. 完工产品数量
C. 本月约当产量　　D. 广义在产品数量

三、多项选择题

1. 下列方法中，成本计算期与会计报告期一致的有（　　）。
A. 品种法　　B. 逐步结转分步法
C. 分批法　　D. 平行结转分步法

2. 逐步结转分步法，按半成品成本在下一步骤成本计算单中反映方法的不同，可以分为（　　）。
A. 平行结转　　B. 综合结转
C. 分项结转　　D. 汇总结转

3. 逐步结转分步法的特点有（　　）。
A. 计算各步骤半成品成本　　B. 半成品成本随实物的转移而转移
C. 在产品的含义是广义的在产品　　D. 在产品的含义是狭义的在产品

4. 平行结转分步法的特点有（　　）。
A. 不计算各步骤半成品成本　　B. 半成品实物转移但成本不结转
C. 在产品是指广义的在产品　　D. 需要进行成本还原

5. 在一般情况下，下列企业中需要采用逐步结转分步法的有（　　）。
A. 有半成品对外销售的企业
B. 需要考核半成品成本的企业
C. 大量大批连续式多步骤生产的企业
D. 大量大批装配式多步骤生产的企业

6. 采用平行结转分步法计算产品成本，各生产步骤的月末在产品成本包括（　　）。
A. 本步骤月末在产品的成本
B. 已转入以后步骤尚未最终完工的半成品成本
C. 最终产成品成本
D. 上一步骤月末在产品成本

7. 企业成本核算的分步法可分为（ ）等几种方法。
A. 逐步结转分步法 B. 分项逐步结转分步法
C. 综合逐步结转分步法 D. 平行结转分步法
8. 成本还原的方法主要有（ ）。
A. 百分率还原法 B. 还原分配率计算法
C. 分步法 D. 前推法
9. 采用综合结转分步法时，结转半成品时，可以按（ ）结转至下一生产步骤。
A. 计划成本 B. 定额成本
C. 实际成本 D. 标准成本
10. 采用分步法时，计算各步骤半成品成本有（ ）。
A. 成本计算的需要 B. 成本控制的要求
C. 对外销售的需要 D. 全面考核和分析成本计划执行情况的要求
11. 采用逐步结转分步法，按照结转的半成品成本在下一步骤产品成本明细账中的反映方法分为（ ）。
A. 综合结转法 B. 分项结转法
C. 按实际成本结转法 D. 平行结转分步法
12. 按计划成本综合结转半成品成本的优点有（ ）。
A. 可简化和加速半成品核算和产成品成本核算工作
B. 便于各步骤进行成本的考核和分析
C. 便于从整个企业角度进行成本的考核和分析
D. 便于考核产品成本的构成和水平
13. 按实际成本综合结转半成品成本的缺点有（ ）。
A. 领用半成品实际单位成本计算烦琐
B. 各步骤不能同时计算成本
C. 不能直接提供按原始成本项目反映的产品成本
D. 不能据以从整个企业角度考核和分析产品成本的构成和水平
14. 在下列情况下，要求进行成本还原（ ）。
A. 各步骤半成品成本结转要用综合结转法
B. 各步骤半成品按实际成本结转
C. 各步骤半成品按计划成本结转
D. 管理要求从整个企业角度考核和分析产品成本的构成和水平
15. 在平行结转分步法下，完工产品与在产品之间的费用分配，是指（ ）之间的费用分配。
A. 产成品与广义在产品
B. 产成品与狭义在产品
C. 各步完工半成品和月末加工中的在产品
D. 前面步骤的产成品与广义在产品，最后步骤的产成品与狭义在产品
16. 广义的在产品是指（ ）。
A. 尚在本步骤加工中的在产品

B. 转入各半成品库的半成品

C. 已从半成品库转到以后各步骤进一步加工尚未最后制成的半成品

D. 全部加工中的在产品和半成品

17. 采用综合逐步结转分步法，根据需要而进行成本还原时，所计算的成本还原率可能（　　）。

A. 大于1　　B. 小于1

C. 等于1　　D. 等于0

四、判断并改错题

1. 分步法是按照产品的生产步骤归集生产费用，计算产品成本的一种方法。（　　）

2. 逐步结转分步法就是为了计算半成品成本而采用的一种方法。（　　）

3. 采用逐步结转分步法，半成品成本的结转与半成品实物的转移是一致的，因而有利于半成品的实物管理和在产品的资金管理。（　　）

4. 成本还原对象是还原前的产成品成本。（　　）

5. 成本还原的对象是还原前产成品成本中半成品的综合成本。（　　）

6. 不论是综合结转还是分项结转，半成品成本都随着半成品实物的转移而结转。（　　）

7. 采用平行结转分步法，各生产步骤不计算半成品成本。（　　）

8. 在平行结转分步法下，在产品费用不按其发生地点登记，而按其所在地点登记。（　　）

9. 采用平行结转分步法，费用分配率 =（月初在产品费用 + 本月发生费用）÷（本步完工半成品数量 + 以下各步月初在产品耗用本步半成品数 + 本步月末在产品约当产量）。（　　）

10. 采用平行结转分步法，在产品是指广义在产品，半成品实物转移，但成本不结转。（　　）

11. 逐步结转分步法采用分项结转方式时，为了反映产成品成本的原始构成，必须进行成本还原。（　　）

12. 逐步结转分步法的分项结转适用于管理上不要求计算半成品成本的企业。（　　）

13. 同一成本核算资料，基本生产成本明细账各成本项目月末在产品费用合计数，采用分项逐步结转分步法核算与采用综合逐步结转分步法核算必定相等。（　　）

14. 在采用综合逐步结转分步法下，根据需要而进行成本还原时，所计算的成本还原率可能大于“1”，也可能小于“1”。（　　）

15. 某一生产步骤已经制造完成的中间产品不一定都通过“自制半成品”科目进行核算。（　　）

16. 多步骤生产企业，根据同一成本核算资料，第一步骤（车间）基本生产成本明细账月末在产品余额，按平行结转分步法核算的数额必定大于按逐步结转分步法核算的数额。（　　）

17. 平行结转分步法，能够直接提供按原始成本项目反映的产成品成本资料，不必进行成本还原。（　　）

18. 分项结转半成品时，通常采用按计划成本分项结转，按成本项目分项调整成本差异。（　　）

五、名词解释

1. 分步法

2. 逐步结转分步法

3. 平行结转分步法

六、简答题

1. 分步法的特点有哪些？

2. 逐步结转分步法的特点是什么？

3. 平行结转分步法的计算程序是什么？

4. 与逐步结转分步法相比较，平行结转分步法的优缺点有哪些？

七、论述题

试述逐步结转分步法的成本计算程序。

八、业务计算题

习题一

（一）目的：练习逐步综合结转分步法。

（二）资料：

某企业生产丙产品需经过第一、第二车间连续加工完成，第一车间半成品通过“自制半成品”账户核算，第二车间所耗的半成品费用按全月一次加权平均单位成本计算，两个车间月末在产品均按定额成本计算。有关资料见表7－1。

表7－1 （单位：元）

项目		直接材料	直接人工	制造费用	合计
一车间	期初在产品（定额成本）	10 000	3 000	5 000	18 000
	本月费用	30 000	7 000	10 000	47 000
	期末在产品（定额成本）	5 000	2 000	3 000	10 000
二车间	期初在产品（定额成本）	20 000	5 000	10 000	35 000
	本月费用		14 000	15 000	
	期末在产品（定额成本）	8 000	2 000	5 000	15 000

第一车间完工半成品910件，半成品库期初结存90件，实际成本5 400元，第二车间本月领用半成品800件，完工产成品1 000件。

（三）要求：

1. 采用逐步综合结转分步法在表7－2和表7－4中计算第一车间完工半成品成本和第二车间完工产成品成本。

2. 登记“自制半成品明细账”(见表7－3)。
3. 编制相应的会计分录。

表7－2 第一车间成本计算单

项　目	直接材料	直接人工	制造费用	合　计
期初在产品成本				
本月费用				
合　计				
完工产品成本				
期末在产品成本				

表7－3 自制半成品明细账

年　月

产品名称： 计量单位：件 单位：元

摘　要	收　入			发　出			结　存		
	数量	单价	金额	数量	单价	金额	数量	单价	金额

表7－4 第二车间成本计算单

项　目	直接材料	直接人工	制造费用	合　计
期初在产品成本				
本月费用				
合　计				
完工产品成本				
期末在产品成本				

习题二

（一）目的：练习成本计算的分步法及成本还原。

（二）资料：

某企业生产乙产品，分两个步骤分别在两个车间进行生产。采用综合逐步结转分步法计算产品成本。第一车间为第二车间提供半成品乙，第二车间将半成品乙加工成为产成品乙。半成品乙通过仓库收发（半成品成本采用加权平均法计算）。

20××年1月份第一车间和第二车间发生的生产费用（不包括所耗半成品费用）如表7－5所示。

表7－5　　单位：元

车间名称	直接材料	直接人工	制造费用	合　计
第一车间	4 600	5 800	4 200	14 600
第二车间		6 450	5 850	12 300

各车间的月初及月末在产品按定额成本计算见表7－6和表7－7。

表7－6　　月初在产品定额成本

单位：元

车间名称	直接材料	半成品	直接人工	制造费用	合　计
第一车间	1 600		2 200	1 800	5 600
第二车间		2 140	1 820	2 040	6 000

表7－7　　月末在产品定额成本

单位：元

车间名称	直接材料	半成品	直接人工	制造费用	合　计
第一车间	1 800		2 000	1 600	5 400
第二车间		5 120	2 840	2 540	10 500

半成品仓库乙半成品月初余额220件，实际成本6 800元。本月份第一车间加工完成乙半成品500件送交半成品仓库。第二车间从半成品仓库领用半成品600件。本月完工入库乙产成品400件。

（三）要求：

1. 计算自制半成品和产成品的成本。
2. 登记自制半成品明细账，进行成本还原。
3. 编制半成品入库、领用和产成品入库的会计分录。

习题三

（一）目的：练习分项逐步结转分步法。

（二）资料：

某企业生产甲产品，分两个步骤连续加工。第一步骤生产甲半成品直接转入第二步骤继续加工。成本计算采用分项逐步结转分步法。

20××年1月份有关资料如下：

第一步骤发生的生产费用有：直接材料8 428元，直接人工6 770元，制造费用7 000元。本月完工甲半成品200台，月末在产品100台，原材料在生产开始时一次投入，完工程度50%。完工产品和月末在产品之间的费用按约当产量比例法分配。

第二步骤发生的生产费用（不包括上一步骤转入半成品成本）有：直接人工2 360元，制造费用2 640元。在产品按定额成本计算。本月完工入库甲产成品250台。

各步骤月初在产品成本及第二步骤月末在产品定额成本见表7－8和表7－9。

表7－8　　月初在产品成本

单位：元

生产步骤	直接材料	直接人工	制造费用	合　计
第一步骤	2 450	1 350	1 600	5 400
第二步骤	3 220	1 840	2 040	7 100

表7－9　　月末在产品定额成本

单位：元

生产步骤	直接材料	直接人工	制造费用	合　计
第二步骤	1 840	2 010	2 350	6 200

（三）要求：

1. 根据上述资料计算第一步骤甲半成品的成本。
2. 计算第二步骤甲产成品的总成本和单位成本。
3. 编制产成品入库的会计分录。

习题四

（一）目的：练习平行结转分步法。

（二）资料：

某企业生产戊产品，分两个生产步骤连续加工，原材料在第一步骤开始时一次投入，成本计算采用平行结转分步法。两个步骤的完工产品份额和广义在产品之间的费用分配，均采用定额比例法。第一步骤原材料成本按原材料定额费用比例分配。第一步骤和第二步骤的工资和其他费用，都按定额工时比例分配。20××年1月份有关资料如下：

第一步骤和第二步骤的定额资料，见表7-10。

表7-10 单位：元

项目	第一步骤		第二步骤	
	完工产品	在产品	完工产品	在产品
原材料定额费用	30 000	6 000		
定额工时	22 000	8 000	4 500	1 200

月初在产品成本见表7-11。

表7-11 单位：元

生产步骤	直接材料	直接人工	制造费用	合计
第一步骤	2 400	5 600	4 000	12 000
第二步骤		1 560	1 775	3 335

本月发生的生产费用见表7-12。

表7-12 单位：元

生产步骤	直接材料	直接人工	制造费用	合计
第一步骤	30 000	9 400	8 600	48 000
第二步骤		3 000	2 500	5 500

本月完工产量500台。

（三）要求：

1. 根据上述资料，计算各生产步骤应计入产品成本的份额。
2. 计算完工产品总成本和单位成本，编制完工产品入库的会计分录。

第八章

产品成本计算的辅助方法

一、填空题

1. 分类法与______________没有直接关系，它一般适用于产品品种规格繁多并可以按照一定的要求和标准划分为______________的企业和车间。

2. 类内各种产品分配的标准有______________、______________、______________以及产品的重量、体积和长度等。

3. 分类法是以______________作为成本计算对象，按______________开立产品成本计算单，来归集生产费用，计算产品成本的方法。

4. 类内各种产品成本的分配可以采用系数分配法。这种方法在同类产品中选择的标准产品应当是______________、______________或规格适中的产品。

5. 采用定额法计算产品成本，可以及时反映实际成本______________，加强定额管理和进行有效的______________。

6. 采用定额法计算产品成本，其实际成本等于____________________加上或减去______________和______________。

7. 材料脱离定额的差异的核算有______________、______________和______________等方法。

8. 脱离定额的差异是指产品生产过程中______________脱离______________的差异。

9. 在分类法中，按照系数分配类内各种产品成本的方法，也叫______________。

10. 确定系数时，一般是在类内选择一种________________、________________或______________的产品作为标准产品，将这种产品的系数定为1。

11. 原材料费用总系数是______________与______________的乘积。

12. 采用分类法计算产品成本，计算类内各产品成本的常用方法有______________和______________。

13. 联合成本的分配方法有______________、______________、______________等，采用较多的是______________。

14. 联产品是指利用__________原材料，在__________过程中，________生产出几种使用价值________但具有________的主要产品。

15. 联产品在联合加工过程中发生的费用称为________或________，分离后进一步加工而发生的费用称为________。

16. 副产品是指生产主要产品的过程中，__________生产出来的一些________产品。

17. 联产品必须采用________计算成本，副产品可以采用与________类似的方法计算成本。

18. 联产品成本计算采用系数分配法时，决定系数的两个主要因素是________和________的确定。

二、单项选择题

1. 定额变动差异是指修改定额以后，原定额成本与新的定额成本之间的差异，只有（　　）存在定额变动差异。

A. 月初在产品　　B. 月末在产品

C. 本月投入产品　　D. 本月完工产品

2. 产品生产过程中各项实际生产费用脱离定额的差异，称为（　　）。

A. 定额成本　　B. 脱离定额差异

C. 材料成本差异　　D. 定额变动差异

3. 企业在生产主要产品的过程中，附带生产出来的一些次要产品，称为（　　）。

A. 联产品　　B. 等级品

C. 副产品　　D. 次品

4. 企业利用同种原材料，在同一生产过程中同时生产出的几种地位相同的主要产品，称为（　　）。

A. 半成品　　B. 联产品

C. 副产品　　D. 等级品

5. 在产品品种、规格繁多，又可按一定要求和标准划分为若干类别的企业或车间，产品成本计算一般可以采用（　　）。

A. 分批法　　B. 分步法

C. 分类法　　D. 定额法

6. 产品成本计算的分类法适用于（　　）。

A. 品种、规格繁多的产品

B. 可以按照一定标准分类的产品

C. 品种、规格繁多，而且可以按照产品结构、所用原材料和工艺过程的不同划分为若干类别的产品

D. 只适用于大批大量生产的产品

7. 按照系数比例分配同类产品中各种产品成本的方法（　　）。

A. 是一种完工产品和月末在产品之间分配费用的方法

B. 是一种单独的产品成本计算方法

C. 是一种简化的分类法

D. 是一种分配间接费用的方法

8. 产品成本计算的辅助方法是（　　）。

A. 品种法　　B. 分步法

C. 分类法　　D. 分批法

9. 采用分类法的目的，在于（　　）。

A. 分类计算产品成本　　B. 简化各种产品的成本计算工作

C. 对各类产品的成本进行分类　　D. 准确计算各种产品的成本

10. 使用同种原料，经过相同加工过程生产出来的品种相同但质量不同的产品是（　　）。

A. 联产品　　B. 副产品

C. 等级品　　D. 主产品

11. 一般适用于分离后不再加工，而且价格波动不大的联产品成本计算方法是（　　）。

A. 净实现价值分配法　　B. 相对销售价值分配法

C. 实物量分配法　　D. 系数分配法

12. 目前我国使用较多的联合成本的分配方法是（　　）。

A. 系数分配法　　B. 净实现价值分配法

C. 相对销售价值分配法　　D. 实物量分配法

13. 采用净实现价值分配法计算联产品成本，净实现价值等于产品销售价格减去（　　）。

A. 该产品可归属成本　　B. 该产品联合成本

C. 补充联产品成本　　D. 代用联产品成本

14. 联合成本的分配方法有系数分配法、实物量分配法、相对销售价值分配法等，采用较多的是（　　）。

A. 系数分配法　　B. 实物量分配法

C. 相对销售价值分配法　　D. 计划成本分配法

15. 分类法与（　　）没有直接关系，它一般适用于产品品种规格繁多，并可以按照一定的要求和标准划分为若干类型的企业和车间。

A. 定额费用　　B. 产量

C. 产品售价　　D. 企业生产类型

三、多项选择题

1. 类内各种产品成本的分配采用系数分配法时，各种产品系数确定的依据有（　　）等。

A. 产品定额耗用量　　B. 产品定额费用

C. 产品售价　　D. 产品生产地点

2. 采用定额法计算产品成本，产品实际成本由（　　）等组成。

A. 定额成本　　B. 脱离定额差异

C. 材料成本差异　　D. 定额变动差异

3. 采用分类法计算产品成本，一般可以将（　　）等方面相同或相似的产品归为一类。

A. 产品的结构、性质　　B. 产品耗用的原材料

C. 产品的生产工艺过程　　D. 产品的销售和使用对象

4. 对于分离后需要进一步加工的副产品，其成本计价的方法有（　　）。

A. 副产品只负担可归属成本

B. 副产品只负担共同成本

C. 副产品既负担可归属成本，也可负担分离前的共同成本

D. 副产品不负担任何成本

5. 联产品联合成本的分配方法有（　　）等。

A. 系数分配法　　B. 相对销售价值分配法

C. 实物量分配法　　D. 人工成本分配法

6. 类内不同品种、规格之间费用分配的标准有（　　）等。

A. 定额耗用量　　B. 定额费用

C. 产品售价　　D. 产品排列顺序

7. 采用分类法计算成本，计算类内各产品成本的常用方法有（　　）。

A. 系数分配法　　B. 定额比例法

C. 定额成本法　　D. 约当产量法

8. 采用分类法计算成本的优点有（　　）。

A. 可以简化成本计算工作

B. 可以分类掌握产品成本情况

C. 可以使类内的各种产品成本的计算结果更为准确

D. 便于成本日常控制

9. 可以或者应该采用分类法计算成本的产品有（　　）。

A. 联产品

B. 由于工人操作所造成的质量等级不同的产品

C. 品种、规格繁多，但可以按规定标准分类的产品

D. 品种、规格多，且数量少、费用比重小的一些零星产品

10. 按照系统比例分配同类产品中各种成本的方法有（　　）。

A. 一种单独的产品成本计算方法

B. 完工产品和月末在产品之间分配费用的方法

C. 分类法的一种

D. 一种简化的分类法

11. 产品成本计算的辅助方法有（　　）。

A. 品种法　　B. 分步法

C. 分类法　　D. 定额法

12. 联合成本的分配方法常用的有（　　）。

A. 系数分配法　　B. 实物量分配法

C. 相对销售价值分配法　　D. 净实现价值分配法

13. 联产品的成本是由（　　）之和组成的。

A. 联合成本　　B. 可归属成本

C. 制造成本　　D. 销售成本

14. 类内各种产品分配的标准有（　　）以及产品的重量、体积和长度等。

A. 定额耗用量　　B. 定额费用

C. 产品售价　　D. 定额比例

四、判断并改错题

1. 采用分类法，应当将产品售价基本相同的产品归为一类。（　　）

2. 在产品品种、规格繁多的情况下，采用分类法计算成本，可以简化成本计算工作，减少成本计算的工作量。（　　）

3. 分类法是以产品成本项目作为成本计算对象来归集费用，计算成本的。（　　）

4. 分类法是成本计算的基本方法之一。（　　）

5. 分类法与企业生产类型没有直接关系，它适用于产品品种规格繁多，并可按照一定要求和标准划分为若干类别的企业或车间。（　　）

6. 在实际工作中，材料消耗量的差异应由采购部门负责，材料价格差异应由生产部门负责。（　　）

7. 月初在产品定额成本调低以后，调低部分即定额变动差异，应当记入当月产品成本。（　　）

8. 在计件工资制下，如果工资定额不变，按计件单价支付的工资就是定额工资。（　　）

9. 材料成本差异是指修改定额以后，月初在产品定额成本与新的定额成本之间的差异。（　　）

10. 定额变动差异是产品生产过程中实际生产费用脱离现行定额的差异。（　　）

11. 分类法的适用与否与产品的生产类型有着直接的关系。（　　）

12. 按系数分配计算类内各种产品成本的方法，是一种简化的分类法。（　　）

13. 分类法是以产品类别为成本计算对象的一种产品成本计算的基本方法。（　　）

14. 只要产品的品种、规格繁多，就可以采用分类法计算产品成本。（　　）

15. 用分类法计算出的类内各种产品的成本具有一定的假定性。（　　）

16. 联产品必须采用分类法计算成本。（　　）

17. 由于工人操作不慎，技术不熟练，生产管理不善而产生的等级产品，其成本不应有别，即不同等级的产品应当具有相同的成本。（　　）

18. 等级产品和废品是两个不同的概念，等级产品是合格品，而废品是非合格品。（　　）

19. 副产品成本计算的方法与联产品应当一致。（　　）

20. 联产品成本计算就是将分离点前发生的联产品联合成本，在各联产品之间进行分配。（　　）

五、名词解释

1. 分类法

2. 定额比例法

3. 定额法

4. 定额变动差异

5. 联产品

6. 副产品

六、简答题

1. 分类法的特点是什么？

2. 定额法的特点是什么？

3. 联产品的特点是什么？

4. 副产品成本计算的特点是什么？

七、论述题

试述分类法成本计算的程序。

八、业务计算题

习题一

（一）目的：练习产品成本计算的分类法。

（二）资料：

某企业生产的 A、B、C、D、E 五种产品耗用的原材料和产品的生产工艺过程比较接近，因而归为一类（丙类产品），采用分类法计算产品成本。8 月份有关成本计算资料如下：

1. 各种产品定额资料见表 8－1。

表 8－1

产品	本月实际产量（公斤）	材料消耗定额（公斤）	材料系数	材料总系数	工时消耗定额（小时）	工时系数	工时总系数
A	200	15			9.6		
B	240	12			8.8		
C	480	10			8.0		
D	360	9			7.6		
E	300	8			7.2		
合计	—	—			—		

2. 月初在产品成本和本月生产费用见表8－2。

表8－2 丙类产品成本计算单

单位：元

摘　　要	直接材料	直接人工	制造费用	合　　计
月初在产品成本	20 000	30 000	18 800	68 800
本月生产费用	146 880	383 040	255 360	785 280
合　　计				
完工产品总成本				
月末在产品成本				

（三）要求：

1. 采用固定在产品成本法计算丙类产品月末在产品成本和本月完工产品成本，并记入表8－1、表8－2中。

2. 计算各种产品系数和本月总系数并记入表8－3中。

表8－3 丙类各种产品成本计算表

产　品	实际产量（公斤）	总系数		总成本				单位成本
		直接材料	加工费用	直接材料（分配率）	直接人工（分配率）	制造费用（分配率）	成本合计	
A	200							
B	240							
C	480							
D	360							
E	300							
合　计								

3. 采用系数分配法计算丙类各种产品的成本并记入表8－3中。

习题二

（一）目的：练习产品成本计算的定额法。

（二）资料：

1. 20××年1月份的生产情况是：月初在产品20台，本月投入量40台，本月完工甲产品 50 台，月末在产品 10 台，在产品完工率 50%，原材料在生产开始时一次投料。

2. 本企业原材料消耗定额从 4.3 公斤降到 4 公斤，材料的计划单价为 5 元，单位产品工时定额 5 小时，计划小时人工费 2 元，计划小时制造费用 3.2 元。

3. 本月月初在产品的定额差异为节约 2 元。其中，原材料脱离定额差异为节约 20 元，人工费用脱离定额差异为 8 元，制造费用脱离定额差异为 10 元。本月生产费用的定额差异为 98 元。其中，原材料脱离定额差异为 50 元，人工费用脱离定额差异为 14 元，制造费用脱离定额差异为 34 元。

（三）要求：根据以上资料，编制产品成本计算单，计算甲产品的实际成本及月末在产品的定额成本和定额差异，计算结果填入表 8－4 中。

表 8－4　　　　**甲产品成本计算单**

20××年 1 月

成本项目	月初在产品		月初在产品定额变动		本月费用		完工产品成本				月末在产品	
	定额成本	定额差异	调整数	变动差异数	定额成本	定额差异	定额成本	定额差异	定额变动差异	实际成本	定额成本	定额差异
直接材料												
直接人工												
制造费用												
合　计												

习题三

（一）目的：练习联产品成本的计算。

（二）资料：

某企业用同一种原材料，在同一生产过程中生产出 A、B、C 三种联产品，A 产品分离后还需继续加工为甲产品才能出售，B、C 两种产品分离后可以直接出售。三种产品分离前的联合成本为 400 000 元。其中，直接材料 200 000 元，直接人工 120 000 元，制造费用 80 000元。A 产品加工为 750 公斤，甲产品的可归属成本为 90 000 元。其中，直接材料 30 000元，直接人工 36 000 元，制造费用 24 000 元。A、B、C 三种产品本月实际产量分别为 1 000 公斤、400 公斤、800 公斤，三种产品折算系数为 1∶0.9∶0.8（A 产品系数为 1）。

（三）要求：

1. 采用系数分配法计算 A、B、C 三种联产品成本，并记入表 8－5 中。

表 8-5　　联产品成本计算表

20××年1月　　单位：元

产品名称	产量（公斤）	系　数	标准产量	直接材料（分配率）	直接人工（分配率）	制造费用（分配率）	合　计	单位成本
A								
B								
C								
合　计								

2. 计算甲产品成本并记入表 8-6 中。

表 8-6　　甲产品成本汇总计算表

20××年1月　　单位：750 公斤

成本项目	直接材料	直接人工	制造费用	合　　计
联合成本				
可归属成本				
甲产品总成本				
单位产品成本				

习题四

（一）目的：练习副产品成本的计算。

（二）资料：

某企业在生产 A 产品的同时，附带生产出丁副产品，丁副产品分离后需进一步加工后才能出售。本月共发生联合成本 150 000 元。其中，直接材料占 50%，直接人工占 20%，制造费用占 30%。丁副产品进一步加工发生直接人工费 2 000 元，制造费用 2 500 元。本月生产 A 产品 10 000 公斤，丁副产品 2 000 公斤，丁副产品单位售价为 12 元，单位税金和利润合计为 2 元。

（三）要求：按副产品既负担可归属成本，又负担分离联合成本的方法计算丁副产品成本，并记入表 8-7 中。

表 8-7　　副产品成本计算单

产品：丁产品　　20××年1月　　单位：2 000 公斤

成本项目	分摊的联合成本	可归属成本	副产品总成本
直接材料			
直接人工			
制造费用			
合　　计			

第九章

其他行业的成本计算

一、填空题

1. 交通运输企业的成本计算对象是旅客和货物的____________。

2. 交通运输企业生产活动的结果是使劳动对象发生____________变化。

3. 汽车运输企业核算业务成本，需要设置__________、__________、__________明细账户。

4. 车辆运输生产燃料消耗计入____________明细账户，公务车、内部交通车燃料消耗计入____________明细账户，辅助生产部门的燃料消耗计入____________明细账户。

5. 车辆大修理费用采用预提的形式，预提时借记___________账户，贷记___________账户。

6. 企业缴纳的运输管理费是按照___________、___________收入分别乘以规定的费率计算的。

7. 按照现行施工企业财务制度规定，建筑安装工程成本分为__________________、__________________。

8. 房地产开发企业的成本项目中开发间接费包括_____________、_____________、_____________、_____________。

9. 农业生产成本项目由_______________、_______________、_______________、_______________、_______________五项组成。

10. 经济林木生产成本的核算对象为橡胶、果、桑、茶等经济林木，按_____________、_____________、_____________三个阶段分别核算成本。

11. 牲畜（禽）资产的成本在“生产性生物资产”账户核算，该账户分为__________和_____________两个二级账户。

12. 畜牧业成本核算方法有_____________与_____________两种。

二、单项选择题

1. 交通运输企业成本计算单位一般采用（　　）。

A. 速度单位　　B. 货币单位

C. 重量单位　　D. 复合单位

2. 汽车运输成本按（　　）计算。

A. 月、季、年　　B. 季

C. 年　　D. 月

3. 施工企业生产的单件和多样性，决定了施工企业成本计算方法类似于工业企业的（　　）。

A. 分批法　　B. 分类法

C. 品种法　　D. 分步法

4. 下列不应计入建筑安装工程成本中材料费的是（　　）。

A. 租赁费用　　B. 构筑件

C. 周转材料的摊销　　D. 需要安装设备的价值

5. 车辆运输生产燃料消耗应计入（　　）明细账户。

A. 管理费用　　B. 营运辅助费用

C. 营运间接费用　　D. 车辆营运成本

6. 内部交通车燃料消耗应计入（　　）明细账户。

A. 营运辅助费用　　B. 车辆营运成本

C. 营运间接费用　　D. 管理费用

7. 交通运输企业的成本计算对象是旅客和货物的（　　）。

A. 周转量　　B. 直接费用

C. 营运费用　　D. 运输成本

8. 按照现行施工企业财务制度规定，建筑安装工程成本分为（　　）和间接成本。

A. 直接费用　　B. 维修费用

C. 直接成本　　D. 间接费用

三、多项选择题

1. 汽车运输企业成本项目包括（　　）等。

A. 管理费用　　B. 营运费用

C. 运输工具固定费用　　D. 非营运期间费用

2. 车辆营运成本包括（　　）等。

A. 轮胎费　　B. 司助人员薪酬

C. 折旧费　　D. 燃料费

3. 同一般加工制造行业的产品相比，建筑产品的主要特点有（　　）。

A. 固着地上，不能移动　　B. 复杂多样，彼此各异

C. 形体庞大，整体难分　　D. 无实物形态

4. 施工企业的直接成本项目包括（　　）。
A. 人工费　　B. 机械使用费
C. 财务费　　D. 材料费

5. 房地产开发企业一般设（　　）成本项目。
A. 开发间接费　　B. 制造费用
C. 基础设施建设费　　D. 前期工程费

6. 企业进行房屋开发，其用途有（　　）。
A. 为销售而开发的商品房　　B. 受托开发的代建房
C. 为安置拆迁户而建造的周转房　　D. 为出租而开发的经营房

7. 建筑企业成本项目中的“其他直接费用”，主要包括（　　）。
A. 材料搬运费　　B. 燃料动力费
C. 检验试验费　　D. 场地清理费

8. 房地产开发企业的成本项目中开发间接费包括（　　）。
A. 工程监理费　　B. 造价审核费
C. 结算审核费　　D. 工程保险费

9. 汽车运输企业核算业务成本，需要设置（　　）明细账户。
A. 车辆营运成本　　B. 管理费用
C. 营运辅助费用　　D. 营运间接费用

10. 育苗成本的核算方法有（　　）。
A. 占用面积比例法　　B. 起用株数比例法
C. 加权平均法　　D. 先进先出法

四、判断并改错题

1. 房地产开发企业成本核算对象，一般应根据开发工程的地点、用途、结构等因素加以确定。（　　）

2. 土地开发成本是房地产开发企业进行土地开发而发生的财务费用。（　　）

3. 汽车运输企业以年、月为成本计算期。（　　）

4. 汽车运输企业核算运输业务成本，需要设置“运输支出”“营运辅助费用”“营运间接费用”账户。（　　）

5. 企业缴纳养路费可根据养路费缴费凭证直接将费用计入“营运间接费用”。（　　）

6. 计入成本的税金费用，只能采取待摊的方式分季计入“管理费用”账户。（　　）

7. 房地产开发企业的成本计算，就是对开发项目的成本进行计算。（　　）

8. 施工企业一般将单位工程作为施工工程成本核算的对象。（　　）

9. 施工企业的直接成本项目包括人工费、机械使用费、财务费、材料费。（　　）

10. 车辆运输生产燃料消耗应计入管理费用账户。（　　）

11. 非经济林木由于不是对外销售、不获得林木或林产品收入，所以不必计算成本，只是其郁闭前的费用计入“林木资产——非经济林木”账户。（　　）

12. 采割成本包括两部分内容：一是经济林木投产后摊销的费用；二是采割林产品新发生的费用。（　　）

五、名词解释

1. 交通运输企业

2. 运输工具固定费用

3. 营运间接费用

4. 施工企业直接成本

5. 土地开发成本

6. 农业生产成本

六、简答题

1. 为什么说运输企业生产经营活动的特点决定其成本计算的特点？

2. 房地产开发企业成本核算的对象是什么？

七、论述题

试述施工企业成本核算的特点。

八、业务计算题

习题一

（一）目的：练习运输企业的成本计算。

（二）资料：东岳汽车运输公司20××年1月份发生的有关成本费用如下：

1. 工资及附加费见表9－1。

表9－1　　单位：元

部门人员	工　资	附加费
客车司乘人员	40 000	5 600
货运司机	26 000	3 640
修理车间人员	14 000	1 960
车队人员	8 000	1 120
公司行政人员	28 000	3 920

2. 该公司实行满油箱制车存燃料管理，本月实际领用的燃料数量为：客运汽车领用汽油18吨（每吨折合1 388升），货运汽车领用柴油16吨（每吨折合1 176升），公司办公领用汽油400升，车队交通车领用汽油500升，修理车间领用300升汽油。汽油每升单价2.20元，柴油每升单价1.80元。

3. 本月客车运输领用内胎及垫带10 200元，外胎22 000元（本月应摊外胎成本5 400元）；货运汽车领用内胎及垫带7 500元，外胎19 500元（本月应摊外胎成本4 800元）。

4. 本月折旧费、养路费、事故损失及其他费用见表9－2（养路费、事故损失及其他费用均以银行存款支付）。

表9－2　　单位：元

部　门	折旧费	养路费	事故损失	其他费用
客车	75 000	10 500	12 000	5 388.70
货车	54 000	8 300	45 000	9 410.70
修理车间	10 400			4 600
车队	5 000	1 200		3 978
行政部门	28 000	2 000		8 800

5. 本月以银行存款支付大修理费用400 000元，从本月开始在2年内摊销。本月客车应摊销10 400元，货车摊销6 000元。

6. 本月修理车间共提供修理作业10 000小时。其中，客车5 000小时，货车3 500小时，行政管理部门1 500小时。

7. 本月客车运输车辆为2 125个营运车日，货车为1 375个营运车日。营运间接费用按营运车日比例分配。

（三）要求：

根据上述资料编制会计分录。

习题二

（一）目的：练习农业生产的成本核算。

（二）资料：某农场生产小麦、玉米、大豆三种农产品。本年发生的有关生产费用及账务处理如下：

1. 根据材料消耗汇总表，消耗的农用材料费用见表9－3。

表9－3　材料消耗汇总表　单位：元

项　目	种子	肥料	农药	合　计
小　麦	6 000	2 000	4 000	12 000
玉　米	3 000	3 000	4 000	10 000
大　豆	8 000	5 000	3 000	16 000
总　计	17 000	10 000	11 000	38 000

2. 根据人工费用明细表，共消耗固定员工的人工费68 400元，其中小麦11 400元、玉米34 200元、大豆22 800元。

3. 根据农场机械作业结算单，各作物发生机械费见表9－4，费用暂欠。

表9－4　机械费用分配表　单位：元

项　目	拖拉机费用	收割机费用	合　计
小　麦	8 000	5 000	13 000
玉　米	6 000	3 000	9 000
大　豆	7 000	6 000	13 000
总　计	21 000	14 000	35 000

4. 根据上述计算结果，编制农产品成本计算单，见表9－5。

表9－5　　农产品成本计算单　　单位：元

项　目	直接材料	直接人工	其他直接费用	合　计
小　麦	12 000	11 400	13 000	36 400
玉　米	10 000	34 200	9 000	53 200
大　豆	16 000	22 800	13 000	51 800
总　计	38 000	68 400	35 000	141 400

5. 上述农产品中，小麦的麦秸出售给造纸厂，收入现金400元，玉米秸、豆秸还田。所以小麦的主产品成本为36 000元（36 400－400），而玉米秸、豆秸由于没有变现，不计价，所以其主产品成本与该产品总成本相同。

（三）要求：

根据上述资料编制有关会计分录。

习题三

（一）目的：练习养猪业的成本核算。

（二）资料：某养猪厂中基本猪群和两个月以内仔猪的有关资料如下：

本月发生饲养费用26 000元，种猪成本摊销2 000元，副产品价值600元，仔猪本月增重量为8 400公斤。其余情况见表9－6。

表9－6　　仔　猪　情　况

	头　数	活　重（公斤）
上月哺乳仔猪	8 000	8 000（成本19 200元）
本月繁殖仔猪	7 600	7 600
断乳仔猪转入2—4个月幼猪	23 800	23 800
本月死亡未断乳仔猪	600	600
月末结余未断乳仔猪	8 800	8 800

（三）要求：

根据上述资料计算断乳仔猪总成本、未断乳仔猪总成本、每头断乳仔猪成本、每头未乳仔猪成本。

第十章

成本报表与分析

一、填空题

1. ___________是根据企业日常成本费用核算资料以及其他有关资料编制的，反映企业一定时期内产品成本水平和费用水平及其构成情况的报告文件。

2. 产品生产成本报表一般分为___________和___________两种。

3. 按产品品种反映的生产成本表应按___________和___________的种类汇总，反映企业在报告期内生产的全部产品的___________和___________。

4. 反映企业一定时期内为组织和管理生产所发生的费用总额和各明细项目数额的报表是___________。

5. _____________是反映企业一定会计期间内各项期间费用的发生额及其构成情况的报表。

6. 反映企业一定会计期间为筹集生产经营所需资金而发生费用的报表是___________。

7. 通过对比分析两个或两个以上相关指标之间的差异，了解经济活动的成绩和问题的一种分析方法，叫___________。

8. 将不同时期的成本指标数值，按时间排序并进行对比，计算动态相对数，借以分析其增减变动幅度及其发展趋势的方法是___________。

9. 把构成成本指标的各个因素进行分解，按顺序替代比较的标准，分别测定各个因素变动对成本指标影响程度及方向的方法是___________。

10. ___________是投入材料的重量与实际利用材料的重量之间的比例。

二、单项选择题

1. 本年实际产量按上年实际平均单位成本计算的生产总成本，减去本年累计实际总成本，等于（ ）。

A. 计划成本降低额　　B. 实际成本降低额

C. 实际成本降低率　　D. 计划成本降低率

2. 产品生产成本表和主要产品单位成本表，通常（　　）编制。

A. 按年　　B. 按月

C. 按旬　　D. 不定期

3. 劳动生产率的提高，只有在（　　）时，才会形成成本降低率和降低额。

A. 超过工资总额的增长　　B. 超过平均工资的增长

C. 超过产品产量的增长　　D. 低于平均工资的增长

4. 连环替代法和差额计算法是一种（　　）。

A. 因素分析法　　B. 相关分析法

C. 比较分析法　　D. 比率分析法

5. 产品品种结构变动影响成本降低率的原因是（　　）。

A. 各种产品的成本降低率不同　　B. 各种产品的成本降低额不同

C. 各种产品的计划成本降低率不同　　D. 各种产品的实际成本降低率不同

6. 影响可比产品成本降低率的因素是（　　）。

A. 产品产量　　B. 产品单位成本

C. 产品的种类和规格　　D. 产品数量

7. 按照《企业会计准则》规定，成本报表是（　　）。

A. 对外报表　　B. 对内报表（或称内部报表）

C. 既是对外报表，又是对内报表　　D. 对内还是对外，由企业自行决定

8. 产量变动之所以影响产品单位成本，是因为（　　）。

A. 在产品全部成本中包括了一部分变动费用

B. 在产品全部成本中包括了一部分相对固定的费用

C. 产品总成本不变

D. 产品产量增长小于产品总成本增长

9. 通过成本指标在不同时期（或不同情况）的数据对比，来揭示成本变动及其原因的一种方法是（　　）。

A. 对比分析法　　B. 趋势分析法

C. 比率分析法　　D. 因素分析法

10. 把综合性指标分解为各个因素，研究诸因素变动对综合性指标变动影响程度的分析方法是（　　）。

A. 对比分析法　　B. 趋势分析法

C. 比率分析法　　D. 因素分析法

三、多项选择题

1. 产品成本报表主要有（　　）。

A. 商品产品成本表　　B. 主要产品单位成本报表

C. 制造费用明细表　　D. 利润表

2. 商品产品成本表分为（　　）三部分。

A. 可比产品　　B. 不可比产品

C. 单位成本　　D. 补充资料

3. 成本分析的方法有（　　）。

A. 特别分析法　　B. 趋势分析法

C. 因素分析法　　D. 比较分析法

4. 主要产品单位成本表反映的单位成本包括（　　）。

A. 本月实际　　B. 同行业同类产品实际

C. 本年计划　　D. 上年实际平均

5. 影响可比产品成本降低额的因素有（　　）。

A. 产品产量　　B. 产品品种比重

C. 产品售价　　D. 产品销售税金

6. 影响单位产品原材料消耗数量变动的因素有（　　）。

A. 产品或产品零部件结构的变化

B. 材料质量的变化

C. 生产中产生废料数量和废料回收利用情况的变化

D. 材料价格变化

7. 将不同时期的成本指标数值，按时间排序并进行对比，计算动态相对数，借以分析其增减变动幅度及其发展趋势的方法是（　　）或（　　）。

A. 趋势分析法　　B. 动态分析法

C. 因素分析法　　D. 连环替代法

8. 把构成成本指标的各个因素进行分解，按顺序替代比较的标准，分别测定各个因素变动对成本指标影响程度及方向的方法是（　　）或（　　）。

A. 趋势分析法　　B. 动态分析法

C. 因素分析法　　D. 连环替代法

9. 成本报表常用的分析方法有（　　）。

A. 对比分析方法　　B. 趋势分析法

C. 比率分析法　　D. 因素分析法

10. 企业通常使用的技术经济指标有（　　）。

A. 产品产量　　B. 产品质量

C. 原材料消耗　　D. 劳动生产率

四、判断并改错题

1. 成本报表是反映企业一定时期内产品成本和费用水平及其构成情况的报告文件。（　　）

2. 成本报表的内容、格式、编制方法必须按国家财政部门的统一规定编制。（　　）

3. 期间费用明细表是反映一定会计期间内各项期间费用发生额及其构成情况的报表。（　　）

4. 因素分析法因为替代顺序不同所以同一因素对指标的影响程度不同，人们一般确定的替代顺序原则是：先分母，后分子。（　　）

5. 分析产量变动对单位成本的影响，应将产品成本划分为直接成本和间接成本。（　　）

6. 在产品质量标准、生产消耗水平不变的前提下，合格品率越高，单位产品的成本就越高。（ ）

7. 材料的利用率越高，单位材料的消耗就越高，则单位产品成本越低。（ ）

8. 成本报表的编制要客观、及时，成本信息要具有相关性、可靠性。（ ）

9. 劳动生产率的提高，只有在低于平均工资的增长时，才会形成成本降低率和降低额。（ ）

10. 期间费用明细表是反映企业一定会计期间内各项期间费用的发生额及其构成情况的报表。（ ）

五、名词解释

1. 成本报表

2. 比较分析法

3. 连环替代法

六、简答题

1. 成本报表有哪些特点？

2. 一般企业成本报表分为哪几类？

3. 比较分析法主要有哪几种比较方式？

4. 连环替代法其计算程序是怎样的？

5. 影响主要产品成本降低计划完成的因素有哪些？

七、论述题

试述设置和编制成本报表的基本要求。

八、业务计算题

习题一

（一）目的：练习产品成本报表的编制与分析。

（二）资料：

某企业生产甲、乙、丙三种产品，本年实际产量分别为 2 500 件、1 000 件和 1 080 件，实际平均单位成本分别为 579 元、451 元和 531.375 元；本年计划单位成本分别为 582 元、490 元和 545 元。甲、乙产品为可比产品，计划产量分别为 2 160 件和 1 080 件，上年平均单位成本分别为 600 元和 500 元，丙产品为新产品。

（三）要求：

1. 按产品类别编制全部产品成本计划完成情况分析表，并进行简要评价（见表 10－1）。

表 10－1　全部产品成本分析表

编制单位：　20××年 1 月

产品名称	实际产量（件）	单位成本（元）			本年总成本（元）			实际比计划		本年实际比上年实际	
		上年实际	本年计划	本年实际	按上年	按计划	本年实际	降低额（元）	降低率（%）	降低额（元）	降低率（%）
	(1)	(2)	(3)	(4)	(5) = (1) × (2)	(6) = (1) × (3)	(7) = (1) × (4)	(8) = (6) − (7)	(9) = (8) ÷ (6)	(10) = (5) − (7)	(11) = (10) ÷ (5)
可比产品合计											
甲产品											
乙产品											
不可比产品											
丙产品											
全部产品成本											

2. 分析计算主要产品成本计划降低额和降低率，并进行简要评价。

3. 分析计算各个因素变动对成本降低任务完成的影响程度（产品单位成本变动的影响、品种结构变动的影响、产品产量变动的影响）。

习题二

（一）目的：练习产品单位成本计划完成情况分析。

（二）资料：某企业生产丁产品，上年实际平均单位成本为6 000元。其中，直接材料2 350元，直接人工1 850元，制造费用1 800元。本年计划单位成本为5 820元。其中，直接材料2 194元，直接人工1 876元，制造费用1 750元。本年实际单位成本5 790元。其中，直接材料2 226元，直接人工1 860元，制造费用1 704元。

（三）要求：编制产品单位成本计划完成情况分析表（见表10－2）并简要评价。

表10－2　丁产品单位成本完成情况

编制单位：

成本项目	单位成本（元）			本年实际与计划比		本年实际与上年比	
	本年实际	本年计划	上年实际	降低额（元）	降低率（%）	降低额（元）	降低率（%）
	(1)	(2)	(3)	(4)＝(2)－(1)	(5)＝(4)÷(2)	(6)＝(3)－(1)	(7)＝(6)÷(3)
直接材料							
直接人工							
制造费用							
合　计							

习题三

（一）目的：练习单位成本的技术经济分析。

（二）资料：某厂丁产品本年计划产量1 850件，实际产量2 590件；本年计划单位成本2 800元，其中，固定成本840元。

（三）要求：计算产量变动对成本降低率和降低额的影响。

习题四

（一）目的：练习单位成本的技术经济分析。

（二）资料：某企业丁产品上月合格产品产量为4 180件，本月为4 800件；上月废品为220件，本月为200件；上月产品单位成本为6 800元。废品残值占生产成本的20%。

（三）要求：计算废品率变动对生产成本的影响。

习题五

（一）目的：练习单位成本的技术经济分析。

（二）资料：某企业丁产品的实体由原材料A构成，上年原材料利用率为85%，本年为80%；原材料在产品成本中所占比重为62%。

（三）要求：计算原材料利用率变动对成本降低率的影响。

模拟试题（一）

一、填空题

1. 成本会计的职能有__________、__________、__________、__________、__________、__________和__________。

2. 生产费用按照经济用途可分为__________和__________。在制造成本法下，产品成本项目一般可分为__________、__________、__________三个项目。

3. 按照生产组织的特点，生产类型可分为__________、__________和__________三类。

4. 在单步骤生产企业，由于没有或很少有在产品，因而不存在将生产费用在__________和__________之间进行分配的问题。

5. 分批法成本计算期通常与__________一致。

6. 逐步结转分步法是为了计算__________成本而采用的一种分步法。因此，这种方法亦称计算__________成本分步法。

二、单项选择题

1. 对生产经营过程中发生的费用进行归集和分配，计算出有关成本计算对象的实际总成本和单位成本，是（　　）。

A. 成本会计　　B. 成本核算
C. 成本分析　　D. 成本预测

2. 实际工作中的产品成本是指（　　）。

A. 制造成本　　B. 管理费用
C. 销售费用　　D. 财务费用

3. 企业由于计划减产，或因停电、待料、机器设备故障而停工，在停工期间所发生的一切费用属于（　　）。

A. 修复费用　　B. 报废损失
C. 停工损失　　D. 废品损失

4. 成本核算方法中，成本计算期与生产周期一致的方法是（　　）。

A. 品种法　　B. 分批法
C. 分步法　　D. 分类法

5. 多步骤生产的企业或车间，采用品种法计算产品成本时，产品基本生产成本明细账应当按照（　　）设置。

A. 产品品种　　B. 生产部门

C. 产品批别　　D. 生产步骤

6. 分批法的成本计算程序与（　　）一致。

A. 品种法　　B. 分类法

C. 分步法　　D. 定额法

7. 分步法中，半成品已经转移，但成本不结转的成本结转方式是（　　）。

A. 逐步结转　　B. 平行结转

C. 综合结转　　D. 分项结转

8. 交通运输企业成本计算单位一般采用（　　）。

A. 速度单位　　B. 货币单位

C. 重量单位　　D. 复合单位

9. 本年实际产量按上年实际平均单位成本计算的生产总成本，减去本年累计实际总成本，等于（　　）。

A. 计划成本降低额　　B. 实际成本降低额

C. 实际成本降低率　　D. 计划成本降低率

10. 连环替代法和差额计算法是一种（　　）。

A. 因素分析法　　B. 相关分析法

C. 比较分析法　　D. 比率分析法

三、多项选择题

1. 成本会计具有（　　）职能，是现代成本会计区别于以往各时期成本会计的一个重要标志。

A. 成本预测　　B. 成本分析

C. 成本核算　　D. 成本决策

2. 几种产品共同耗用的动力费用，常用的分配标准有（　　）。

A. 生产工时　　B. 机器工时

C. 马力工时　　D. 生产工人工资

3. 确定成本核算对象的基本原则有（　　）。

A. 符合企业生产的特点　　B. 与成本核算机构相一致

C. 满足企业成本管理的要求　　D. 与成本计算方法相关联

4. 单步骤生产的品种法，月终不需将生产费用在完工产品和在产品之间进行划分的主要原因有（　　）。

A. 没有在产品　　B. 在产品数量很少

C. 在产品数量固定　　D. 在产品数量很多

5. 分批法的特点有（　　）。

A. 以产品的批别或订单为成本计算对象

B. 成本计算期通常与产品的生产周期一致

C. 一般不需要计算期末在产品成本

D. 月末需要计算完工产品成本

6. 逐步结转分步法，按半成品成本在下一步骤成本计算单中反映方法的不同，可以分为（　　）。

A. 平行结转　　B. 综合结转

C. 分项结转　　D. 汇总结转

7. 在下列情况下，要求进行成本还原的有（　　）。

A. 各步骤半成品成本结转要用综合结转法

B. 各步骤半成品按实际成本结转

C. 各步骤半成品按计划成本结转

D. 管理要求从整个企业角度考核和分析产品成本的构成和水平

8. 施工企业的直接成本项目包括（　　）。

A. 人工费　　B. 机械使用费

C. 财务费　　D. 材料费

9. 产品成本报表主要有（　　）。

A. 商品产品成本表　　B. 主要产品单位成本报表

C. 制造费用明细表　　D. 利润表

四、判断题

1. 对于以成本为对象，对成本进行计算、控制、分析和考核的成本会计而言，其所要研究的成本是产品成本。（　　）

2. 在实际工作中，哪些费用应计入产品成本，哪些费用不应计入产品成本，具体执行标准是国家规定的成本开支范围。（　　）

3. 制造企业发生的销售费用、管理费用和财务费用不计入产品成本。（　　）

4. 原材料费用都是直接计入费用，生产工人工资及提取的职工福利费都是间接计入费用。（　　）

5. 按照生产组织的特点，生产可分为单步骤生产和多步骤生产。（　　）

6. 月末将各产品基本生产成本明细账上所汇集的全部费用，采用适当的方法在完工产品和在产品之间进行分配，计算出完工产品的成本和在产品的成本。（　　）

7. 简化的分批法也称为不分批计算在产品成本的分批法。（　　）

8. 采用逐步结转分步法，半成品成本的结转与半成品实物的转移是一致的，因而有利于半成品的实物管理和在产品的资金管理。（　　）

9. 在实际工作中，材料消耗量的差异应由采购部门负责，材料价格差异应由生产部门负责。（　　）

10. 施工企业一般将单位工程作为施工工程成本核算的对象。（　　）

五、名词解释

1. 成本会计

2. 生产费用要素

3. 一次交互分配法

4. 成本计算对象

5. 逐步结转分步法

六、简答题

1. 为正确计算产品成本，遵守成本开支范围，企业应划清哪些费用界限？

2. 简述生产费用核算的一般程序。

3. 分步法的特点有哪些？

七、论述题

生产费用在完工产品和期末在产品之间进行分配，常用的分配方法有哪些？

八、业务计算题

（一）资料：某企业生产甲产品，需经过三道工序连续加工完成，原材料在生产开始时一次投入。本月完工产品5 000件，在产品2 000件，其他有关资料如下：

1. 工时定额和月末在产品数量：

工　序	工时定额（小时）	在产品数量（件）
1	30	600
2	20	700
3	50	700
合　计	100	2 000

2. 成本资料：

单位：元

项　目	直接材料	直接人工	制造费用	合　计
月初在产品成本	18 000	7 400	6 700	32 100
本月发生费用	100 000	32 600	23 300	155 900
合　计	118 000	40 000	30 000	188 000

3. 要求：

（1）计算各工序的完工率和月末在产品的约当产量（列式计算）。

（2）用约当产量法计算完工产品成本与月末在产品成本（列式计算）。

（3）根据计算结果，编制结转完工产品成本的会计分录。

（二）根据下列“商品产品成本表”的已有数字，将表中数字填列齐全。

产品名称	计量单位	实际产量		单位成本				本月总成本			本年累计总成本		
		本月	本年累计	上年实际平均	本年计划	本月实际	本年累计平均	按上年实际平均单位成本计算	按本年计划单位成本计算	本月实际	按上年实际平均单位成本计算	按本年计划单位成本计算	本年实际
可比产品合计												18 000	
其中：甲产品	件	100					88	9 900	6 400	8 700			
乙产品	件	200	1 000		10	13					11 000		10 000
不可比产品合计				×				×			×		
其中：丙产品	件	10	20	×	19			×		170	×		360
全部商品生产成本								×			×		21 360

补充资料（本年累计实际数）

1. 可比产品降低额：
2. 可比产品降低率：

模拟试题（二）

一、填空题

1. 一个企业的原始记录是非常广泛的，与成本会计有关的原始记录主要有__________、__________、__________、__________和反映费用开支的原始记录。

2. 制造企业的生产根据各生产单位任务的不同，可以分为__________和__________。根据企业生产费用核算和产品成本计算的需要，一般可以在“生产成本”这一总分类科目下，分设__________和__________两个二级科目。

3. 工资附加费包括按照应付职工工资总额的一定比例计算提取的__________、__________、__________、__________、__________、__________、__________和__________。

4. 单步骤生产是指__________不能间断，或者由于__________的限制不便于分散在几个不同地点进行生产的作业组织。

5. 在单步骤生产的企业或车间，生产的产品品种较__________，生产过程是连续的、不间断的，生产过程中发生的应计入产品成本的各种费用都是__________，不存在在各种产品间进行费用分配的问题。

6. 分批法主要适用于__________、__________，管理上不要求分步骤计算成本的__________生产。

7. 综合逐步结转分步法，可以按半成品的__________成本结转，也可以按半成品的__________成本结转。

二、单项选择题

1. 进行成本控制、成本分析和成本考核的依据是（　　）。

A. 成本决策　　B. 成本计划

C. 成本预测　　D. 产品成本

2. 财产物资的计价和价值结转方法一经确定，要（　　）。

A. 保持相对稳定　　B. 保持绝对稳定

C. 可以任意改变　　D. 可用来随时调整产品成本

3. “假退料”是指材料实物不动（　　）。

A. 只办理本月份的退料和领料手续

B. 只办理下月份的退料和领料手续

C. 只办理本月份退料、下月份领料的手续
D. 只办理本月份退料手续

4. 能够及时反映和监督产品成本脱离定额成本差异的方法是（　　）。
A. 分步法　　B. 分批法
C. 分类法　　D. 定额法

5. 品种法适用的生产组织方式是（　　）。
A. 大量生产　　B. 成批生产
C. 多步骤生产　　D. 单件小批生产

6. 简化的分批法（　　）。
A. 不分配结转完工产品间接计入费用　　B. 不分配结转完工产品直接计入费用
C. 不分配结转在产品间接计入费用　　D. 不分配结转在产品直接计入费用

7. 分步法中，必须进行成本还原的成本结转方式是（　　）。
A. 逐步结转　　B. 平行结转
C. 综合结转　　D. 分项结转

8. 企业在生产主要产品的过程中，附带生产出来的一些次要产品，称为（　　）。
A. 联产品　　B. 等级品
C. 副产品　　D. 次品

9. 施工企业生产的单件和多样性，决定了施工企业成本计算方法类似于工业企业的（　　）。
A. 分批法　　B. 分类法
C. 品种法　　D. 定额法

10. 产品品种结构变动影响成本降低率的原因是（　　）。
A. 各种产品的成本降低率不同　　B. 各种产品的成本降低额不同
C. 各种产品的计划成本降低率不同　　D. 各种产品的实际成本降低率不同

三、多项选择题

1. 成本是反映企业（　　）的综合指标。
A. 生产耗费　　B. 经营管理水平
C. 工作质量　　D. 降低耗费

2. 可修复废品必须具备的条件有（　　）。
A. 在技术上可以修复　　B. 在经济上合算
C. 不管修复费用多少　　D. 只要修复后可以使用

3. 多步骤生产按照产品加工方式的不同，可以分为（　　）。
A. 简单式多步骤生产　　B. 连续式多步骤生产
C. 复杂生产　　D. 装配式多步骤生产

4. 企业在确定成本计算方法时，必须从企业的具体情况出发，同时考虑（　　）因素。
A. 企业的生产特点　　B. 企业生产规模的大小
C. 进行成本管理的要求　　D. 月末有没有在产品

5. 在简化的分批法下，期末计算完工产品成本时，从基本生产成本二级账中转出的项目有（　　）。

A. 各批完工产品应负担的直接材料费用　B. 各批完工产品应负担的直接人工费用

C. 各批完工产品应负担的制造费用　D. 各批完工产品应负担的累计生产工时

6. 企业成本核算的分步法可分为（　　）等几种方法。

A. 逐步结转分步法　B. 分项逐步结转分步法

C. 综合逐步结转分步法　D. 平行结转分步法

7. 对于分离后需要进一步加工的副产品，其成本计价的方法有（　　）。

A. 副产品只负担可归属成本

B. 副产品只负担共同成本

C. 副产品既负担可归属成本，也可负担分离前的共同成本

D. 副产品不负担任何成本

8. 房地产开发企业的成本项目中开发间接费包括生产单位管理人员的工资及附加费、折旧费和（　　）。

A. 水电费　B. 办公费

C. 劳动保护费　D. 周转房费用摊销

9. 影响可比产品成本降低额的因素有（　　）。

A. 产品产量　B. 产品品种比重

C. 产品的售价　D. 产品的销售税金

四、判断题

1. 企业的成本会计机构是在企业中直接从事成本会计工作的职能部门。（　　）

2. 原材料费用都是直接计入费用，生产工人工资及提取的职工福利费都是间接计入费用。（　　）

3. 企业可以以一种成本核算方法为主，结合其他成本核算方法加以综合应用。（　　）

4. 产品成本计算的品种法是以产品批别为成本计算对象，归集生产费用，计算产品成本的一种方法。（　　）

5. 采用分批法计算成本，通常是在一批产品全部完工后才计算成本，所以成本计算期不一定在月末，而是与产品的生产周期相一致。（　　）

6. 同一成本核算资料，基本生产成本明细账各成本项目月末在产品费用合计数，采用分项逐步结转分步法核算与采用综合逐步结转分步法核算必定相等。（　　）

7. 用分类法计算出的类内各种产品的成本具有一定的假定性。（　　）

8. 企业缴纳养路费可根据养路费缴费凭证直接将费用计入“营运间接费用”。（　　）

9. 成本报表的编制要客观、及时，成本信息要具有相关性、可靠性。（　　）

五、名词解释

1. 成本

2. 成本开支范围

3. 产品成本项目

4. 品种法

5. 连环替代法

六、简答题

1. 成本会计应做好哪几项基础工作？

2. 成本核算应设置哪些账户？

3. 产品成本计算的基本方法有哪些？各自的适用范围如何？

七、论述题

成本核算应遵循哪些要求？

八、业务计算题

（一）资料：某产品月初在产品成本为：直接材料1 400元，直接人工1 000元，制造费用600元。本月生产费用为：直接材料8 200元，直接人工6 200元，制造费用3 000元。本月完工产品（4 000件）定额为：直接材料费用定额8 000元，工时定额5 000小时。月末在产品（1 000件）定额为：直接材料费用定额2 000元，工时定额1 000小时。

要求：采用定额比例法计算完工产品成本与月末在产品成本（先列式计算，再填列下表）。

完工产品与月末在产品成本计算表

产品：　　　　单位：元

项　　目		直接材料	直接人工	制造费用	合　　计
月初在产品成本					
本月生产费用					
生产费用合计					
定额耗用量合计					
分配率					
完工产品	定额耗用量				
	实际成本				
月末在产品	定额耗用量				
	实际成本				

（二）根据下列“辅助生产费用分配表”已有数字，将其他应填列的数字补充，并编制相关的会计分录。

辅助生产费用分配表

项目			交互分配			对外分配		
辅助生产车间			供电	供水	合计	供电	供水	合计
待分配费用			9 000	5 000	14 000			
供应数量（水：吨；电：度）			45 000	10 000	—			
费用分配率					—			
辅助生产车间	供电车间	数量		6 000	—			
辅助生产车间	供电车间	金额						
辅助生产车间	供水车间	数量	5 000		—			
辅助生产车间	供水车间	金额						
辅助生产车间	金额小计							
基本生产车间一般耗用	数量					30 000	2 000	
基本生产车间一般耗用	金额							
厂部耗用	数量					10 000	2 000	
厂部耗用	金额							

模拟试题（三）

一、单项选择题

1. 连环替代分析法是顺序用各项因素的实际数替代基数，借以（　　）的一种分析方法。

A. 计算各因素影响程度　　B. 分析各因素变动原因

C. 分析各因素影响方向　　D. 分析各因素相互关系

2. 某生产车间采用五五摊销法进行低值易耗品摊销的核算。该生产车间4月份领用低值易耗品的实际成本为10 000元，报废低值易耗品的实际成本为4 000元，残料计价100元。4月份应计入制造费用的低值易耗品摊销价值为（　　）元。

A. 1 900　　B. 3 900

C. 4 900　　D. 6 900

3. 以下各项不属于成本核算基础工作的是（　　）。

A. 制定、修订定额与厂内计划价格　　B. 做好原始记录

C. 选择适当的成本计算方法　　D. 做好材料物资的计量、收领、盘点工作

4. 为了正确核算生产费用和经营管理费用，正确计算产品实际成本和企业损益，必须正确划分各种费用界限，并贯彻（　　）原则。

A. 真实　　B. 准确

C. 合理　　D. 收益

5. 成本还原的对象是（　　）。

A. 产成品的总成本

B. 产成品所耗上一步骤半成品成本

C. 产成品所耗本步骤的直接人工与制造费用

D. 产成品所耗本步骤材料

6. 材料定额成本应该等于（　　）乘以单位产品材料消耗定额，再乘以计划单价。

A. 本月投入产品数量　　B. 月初在产品数量

C. 本月完工产品数量　　D. 月末在产品数量

7. 辅助生产费用交互分配法后的实际费用，再在（　　）分配。

A. 辅助生产以外受益单位之间　　B. 各受益单位之间

C. 各辅助生产之间　　D. 各受益的基本车间

8. 经过质量检验部门鉴定不需要返修、可以降价出售的不合格品，其降价损失应作（　　）。

A. 废品损失　　B. 销售费用

C. 管理费用　　D. 在计算销售损益时体现

9. 下列关于停工损失的说法，正确的是（　　）。

A. 停工损失均可以索赔

B. 停工损失均计入营业外支出

C. 停工损失可计入产品成本或营业外支出

D. 停工损失根据不同的情况，可以索赔，可以计入营业外支出，也可以计入产品成本

二、多项选择题

1. 下列属于工业企业产品成本构成项目的有（　　）。

A. 停工损失　　B. 经营管理费用

C. 废品损失　　D. 制造费用

2. 下列固定资产中，应提折旧的有（　　）。

A. 未使用的建筑物　　B. 土地

C. 当月减少的固定资产　　D. 以经营租赁方式租入的固定资产

3. 集中工作方式的主要优点有（　　）。

A. 厂部成本会计机构可以比较及时地掌握企业有关成本的全面信息

B. 便于集中使用电子计算机进行成本数据处理

C. 可以减少成本会计机构的层次和成本会计人员的数量

D. 便于实行责任成本核算

4. 下列条件中，属于辅助生产车间的制造费用可以直接计入“辅助生产成本”科目的有（　　）。

A. 制造费用很少　　B. 辅助生产车间规模很小

C. 辅助生产车间数量很少　　D. 辅助生产车间不对外提供商品

5. 下列费用中，属于制造费用内容的有（　　）。

A. 分厂用于组织和管理生产的费用

B. 车间用于组织和管理生产的费用

C. 直接生产费用的某些项目

D. 间接生产费用的全部项目

6. 可修复废品必须具备的条件包括（　　）。

A. 经过修理可以使用

B. 经过修理可以使用，但所花费的修复费用在经济上不合算

C. 所花费的修理费用在经济上合算

D. 具备上述 A 和 C 之一即可

7. 在采用品种法计算产品成本的企业或车间里（　　）。

A. 如果只生产一种产品，所发生的全部生产费用都是直接费用

B. 如果只生产一种产品，不存在在各成本计算对象之间分配费用的问题

C. 如果生产多种产品，直接费用可以直接计入各产品成本明细账的有关成本项目

D. 如果生产多种产品，间接费用则要采用适当的分配方法，在各成本计算对象之间

进行分配

8. 采用约当产量法对在产品进行计价的前提假设有（　　）。

A. 期初在产品优先在本期加工　　B. 期末在产品完工程度估计容易、准确

C. 各月在产品数量比较稳定　　D. 各项费用消耗定额比较准确

9. 在主、副产品合为一类进行成本核算的情况下，如果副产品的售价不能抵偿其销售费用，则副产品成本的计算方法不应采用的有（　　）。

A. 不计算副产品成本　　B. 副产品成本按实际成本计算

C. 副产品成本按计划成本计算　　D. 副产品成本按定额成本计算

10. 在分析可比产品成本降低计划完成情况时，假定其他因素不变，单纯产量变动会使（　　）。

A. 成本降低额增加　　B. 成本降低率增加

C. 成本降低额减少　　D. 成本降低率减少

11. 定额法的应用条件是（　　）。

A. 任何企业

B. 定额管理工作的基础较好的企业

C. 产品生产已经定型，各项消耗定额较准确、稳定的企业

D. 小批量生产的企业

三、判断题

1. 在只生产一种产品的工业企业或车间中，直接生产费用和间接生产费用都是直接计入费用。（　　）

2. 与定额法相比较，标准成本法对成本差异的划分较细，从而对成本的日常控制较系统。（　　）

3. 制造费用所采用的所有分配方法，分配结果都是期末“制造费用”科目无余额。（　　）

4. 产品成本计算的品种法是只分产品品种、不分产品批别和生产步骤计算成本的方法。（　　）

5. 季节性和固定资产修理期间的停工损失，记作“停工损失”。（　　）

6. 无论是综合结转还是分项结转，半成品成本都是随着半成品实物的转移而结转。（　　）

7. 由于摊销的费用一般均未设专门成本项目，因而在摊销费用时，一般应按分摊费用的车间、部门，分别计入有关科目的借方。（　　）

8. 制造费用表是反映工业企业在报表期内发生的（包括基本生产车间和辅助生产车间）制造费用及其构成情况的报表。（　　）

9. 在单价和成本费用水平不变的情况下，某期销售量最高时，该期按变动成本法确定的营业利润可能不是最高。（　　）

四、填空题

1. 成本作为____________的尺度，对于促进企业____________、____________，以取得最佳经济效益有着重要作用。

2. 企业应当按照____________和____________，划清应计入本期成本和不应计入本期成本的费用界线。

3. 废品损失是指企业因产生废品而造成的损失，包括____________和____________。

4. 在单件、小批生产的情况下，产品成本的计算期与产品的生产周期____________。

5. 单步骤生产的品种法，月终不需将生产费用在完工产品和在产品之间进行划分的主要原因是____________或____________。

6. 采用简化的分批法，各项间接费用累计分配率，既是____________之间分配间接费用的依据，也是____________之间分配间接费用的依据。

7. 采用逐步结转分步法，各步骤成本计算单中归集的费用，应在____________与____________之间进行分配。

8. 联合成本的分配方法有____________、____________、____________等，采用较多的是____________。

9. 按照现行施工企业财务制度规定，建筑安装工程成本分为____________________、____________________。

五、名词解释

1. 成本核算

2. 成本开支范围

3. 约当产量法

4. 土地开发成本

5. 成本报表

六、简答题

1. 什么是成本核算程序？简述成本核算的一般程序。

2. 废品损失和停工损失是如何确认和计量的？

3. 平行结转分步法的计算程序？

七、论述题

生产费用在完工产品和期末在产品之间进行分配，常用的分配方法有哪些？

八、业务计算题

（一）资料：

某企业设有供电、修理两个辅助生产车间，20××年1月份直接发生费用分别为：供电车间36 400元，修理车间33 600元。其提供的产品（或劳务）数量如下表所示：

受益产品、车间或部门	供电车间（度）	修理车间（工时）
供电车间		600
修理车间	10 000	
甲产品	80 000	
基本生产车间	8 000	7 000
厂行政管理部门	12 000	3 000
合　计	110 000	10 600

要求：根据上列资料，采用直接分配法、一次交互分配法分别进行辅助生产费用的分配，并分别作出有关的会计分录。

（二）资料：

某企业甲产品的月初在产品费用和本月费用如下表所示：

单位：元

成本项目	直接材料	直接人工	制造费用	合　计
月初在产品费用	2 040	1 250	1 008	4 298
本月生产费用	4 968	2 455	2 450	9 873

甲产品由A和B两种零件制成。其单位零件的原材料费用定额为：A号5元、B号4元。原材料在零件投产时一次投入。

甲产品本月完工400台；月末在产品的盘存数量为：A号240件，B号260件。A号零件在产品的工时定额为2小时，B号零件在产品的工时定额为1.5小时。

单位工时的计划工、费单价为：工资0.80元，制造费用1.60元。

甲产品单台原材料费用定额为9元，单台工时定额为4小时。

要求：根据上述资料采用定额成本法计算甲产品的完工产品成本和在产品成本，并填列下表。

甲产品月末在产品定额成本计算表

年　月

零件号	在产品数量	原材料费用		工时		工资计划单价（0.8元）	制造费用计划单价（1.6元）	定额成本合计
		单位定额	定额费用	单位定额	定额工时			
A								
B								
合计								

甲产品成本计算单

（定额成本法）

产品名称：甲产品　　　　年　月　　　　单位：元

摘　要	直接材料	直接人工	制造费用	合　计
月初在产品费用				
本月费用				
合计				
完工产品成本				
月末在产品成本				

模拟试题（四）

一、单项选择题

1. 下列项目中不应计入生产经营管理费用的是（　　）。

A. 短期借款利息　　B. 行政管理人员的工资

C. 购买固定资产的支出　　D. 车间管理人员的工资

2. 工业企业在一定时期内发生的、用货币表现的各种生产耗费，称为（　　）。

A. 成本会计对象　　B. 生产费用

C. 产品成本　　D. 经营管理费用

3. 企业分配工资费用时，医务、福利人员的工资应计入（　　）账户。

A. 管理费用　　B. 应付职工薪酬

C. 生产成本　　D. 制造费用

4. 下列各项费用中，不能直接借记“生产成本”科目的是（　　）。

A. 车间生产工人福利费　　B. 车间生产工人工资

C. 车间管理人员工资　　D. 构成产品实体的原料费用

5. 在企业已设置了“生产成本”总账科目的情况下，不能再设置的总账科目是（　　）。

A. 辅助生产成本　　B. 生产费用

C. 制造费用　　D. 废品损失

6. 生产车间耗用的机物料费用应借记（　　）科目，贷记“原材料”科目。

A. “生产成本”　　B. “基本生产成本”

C. “制造费用”　　D. “辅助生产成本”

7. 下列各项中属于间接生产费用的是（　　）。

A. 生产工人工资　　B. 机器设备耗用电费

C. 机器设备折旧费用　　D. 车间厂房折旧费用

8. 成本核算和分析等方面工作由车间成本会计机构或人员分别进行，并在业务上受厂部成本会计机构指导的工作方式是（　　）。

A. 按成本会计的对象分工　　B. 按成本会计的职能分工

C. 集中工作方式　　D. 分散工作方式

9. 采用交互分配法，各种辅助生产费用（　　）。

A. 都要计算一个费用分配率　　B. 都要计算两个费用分配率

C. 不需要计算费用分配率　　D. 均按相同的费用分配率计算

10. 连环替代法和差额计算法是一种（　　）。

A. 因素分析法　　B. 相关分析法

C. 比较分析法　　D. 比率分析法

11. 下列各种方法中，属于产品成本计算辅助方法的是（　　）。

A. 品种法　　B. 分批法

C. 定额法　　D. 分步法

12. 分别采用生产工人工时比例分配法和生产工人工资比例分配法分配制造费用，如果分配结果相同，则说明生产工人工资按（　　）。

A. 实际生产工时比例分配　　B. 定额生产工时比例分配

C. 产品产量比例分配　　D. 机器工时比例分配

13. 半成品成本流转与实物流转相一致，又不需要成本还原的方法是（　　）。

A. 逐步结转分析法　　B. 综合结转分步法

C. 分项结转分步法　　D. 平行结转分步法

二、多项选择题

1. 下列各项中应计入产品成本的费用有（　　）。

A. 专设销售机构人员的工资　　B. 车间管理人员的工资

C. 车间生产工人的工资　　D. 企业管理部门人员的工资

2. 在分散工作方式下，由厂部成本会计机构进行的成本会计工作有（　　）。

A. 成本核算　　B. 成本预测、决策

C. 成本考核　　D. 成本分析

3. 下列关于“材料成本差异”科目核算内容的论述，正确的有（　　）。

A. 借方登记购入材料的超支差异，贷方登记购入材料的节约差异

B. 借方登记购入材料的节约差异，贷方登记购入材料的超支差异

C. 月末余额既可能在借方，也可能在贷方，为库存材料分担的成本差异

D. 发出材料应分担的超支差异或节约差异，均在贷方登记，超支差异用蓝字登记，而节约差异用红字登记

4. 下列费用分配表中，可以直接作为基本生产车间产品成本明细账登记依据的有（　　）。

A. 原材料费用分配表　　B. 工资费用分配表

C. 折旧费用分配表　　D. 制造费用分配表

5. “制造费用”科目核算的内容包括（　　）。

A. 直接用于产品生产但没有专设成本项目的费用

B. 车间用于组织和管理生产的费用

C. 车间废品发生的修复费用

D. 间接用于产品生产的费用

6. 采用逐步结转分步法，计算各步骤半成品成本的原因有（　　）。

A. 为了计算外售半成品成本

B. 为了与同行业半成品成本对比

C. 为了计算各种产品成本提供所耗同一种半成品成本数量

D. 为了考核与分析各生产步骤等内部单位的生产耗费与资金占用水平

7. 企业在确定成本计算方法时，必须从企业的具体情况出发，同时考虑的因素有（　　）。

A. 企业生产规模的大小　　B. 企业的生产特点

C. 进行成本管理的要求　　D. 月末有没有在产品

8. 企业如果收回废品残料，可能贷记的科目有（　　）。

A. 原材料　　B. 废品损失

C. 生产成本　　D. 制造费用

9. 限额法下，某种材料实际领料金额小于限额领料金额的差异即为该种材料脱离定额差异的必要条件有（　　）。

A. 投产数量等于规定的产品数量　　B. 投产数量小于规定的产品数量

C. 车间期初、期末均没有余料　　D. 车间期初、期末余料的数量相等

10. 各月份在产品数量较多而且变化也较大，在完工产品与月末在产品之间分配生产费用时，不宜采用的方法有（　　）。

A. 在产品不计算成本法　　B. 在产品按固定成本计价法

C. 约当产量比例法　　D. 在产品按定额成本计价法

11. 有关辅助生产费用的归集与分配说法，正确的有（　　）。

A. 辅助生产成本账中应按成本项目设立专栏或专行，进行明细核算

B. 专设成本项目的间接计入费用，应单独地分配记入该科目和所属有关明细账的借方

C. 辅助生产车间发生的制造费用，必须计入“制造费用”下的“辅助生产车间”明细账

D. “制造费用——辅助生产车间”当月的借方发生额应直接转入或分配转入“辅助生产成本”总账科目和所属明细账的借方

12. 为正确计算产品成本，企业应做好的基础工作包括（　　）。

A. 定额的制定和修订

B. 材料物资的计量、收发、领退和盘点

C. 原始记录的登记、传递、审核和保管

D. 厂内计划价格的制定和修订

13. 以下低值易耗品，一般不能一次摊销的有（　　）。

A. 单位价值较低、使用期限较短

B. 单位价值较高、使用期限较长

C. 为加强实物管理，按车间部门进行数量和明细核算

D. 单位价值不高、使用期限不长，但一次领用数量较多

14. 在主、副产品合为一类进行成本计算的情况下，如果副产品的售价不能抵偿其销售费用，则副产品成本的计算方法不应采用的有（　　）。

A. 不计算副产品成本　　B. 副产品成本按实际成本计算

C. 副产品成本按计划成本计算　　D. 副产品成本按定额成本计算

15. 采用分批法计算产品成本时，成本计算对象可以按（　　）。

A. 一张订单中的不同品种产品分别确定

B. 一张订单中的同种产品分批确定

C. 一张订单中的单件产品的组成部分分别确定

D. 多张订单中的同种产品确定

三、判断题

1. 在只生产一种产品的工业企业或车间，直接生产费用和间接生产费用都是直接计入费用。（　　）

2. 如果将生产经营管理费用误记为非生产经营管理费用，企业将虚增本期的利润，而以后相关期间的利润被虚减。（　　）

3. 在成本核算中，应该正确划分完工产品与在产品的费用界限，防止任意提高或降低月末在产品费用，人为调节完工产品的成本。（　　）

4. 分批法的成本计算对象是产品的批别或订单。（　　）

5. 月初在产品定额成本调低以后，调低部分即定额变动差异，应当计入当月产品成本。（　　）

6. 制造企业的生产费用是指企业在生产经营管理过程中发生的费用总额。（　　）

7. 采用分批法计算产品成本，在部分完工产品按计划单位成本计算结转后，待该批产品全部完工后，还应计算该批产品实际总成本，并调整前期完工产品实际成本与计划成本的差异。（　　）

8. 为了规范企业成本信息的对外披露，国家对成本报表的种类、项目、格式和编制方法均作了统一规定。（　　）

9. 辅助生产费用按直接分配法分配最简单，按代数分配法分配最正确，按计划成本法分配可简化计算工作并能分清经济责任。（　　）

四、填空题

1. 成本是一个普遍的________，凡有________和________的地方，都必然有成本的存在。

2. 长期待摊费用是指企业已经发生（支出），但摊销期限在________的各项费用，包括________、________以及________的其他待摊费用。

3. 生产费用按照经济用途可分为________和________。在制造成本法下，产品成本项目一般可分为________、________、________、________四个项目。

4. 常用的成本计算方法有________、________、________。

5. 在大量大批________或________生产的企业，由于不断有完工产品产出，不可能在产品完工时立即进行成本计算，所以只能在月末计算当期产出的产品成本。

6. 分批法主要适用于________、________，管理上不要求分步骤计算成本的________生产。

五、名词解释

1. 生产费用要素

2. 一次交互分配法

3. 品种法

4. 分批法

5. 联产品

六、简答题

1. 什么是制造费用？包括哪些内容？

2. 什么是成本核算对象？确定成本核算对象的原则有哪些？

七、论述题

生产费用与产品成本的关系如何？

八、业务计算题

（一）资料：

某企业只有一个基本生产车间，生产A、B、C三种产品。生产工时共计22 000小时。其中，A产品7 500小时，B产品8 500小时，C产品6 000小时。本月发生的各种生产费用如下：

1. 领用原材料30 000元，用于产品生产；领用一般消耗材料850元。
2. 应付工资9 500元。其中，生产工人工资7 200元，管理人员工资2 300元。
3. 按工资总额的30%计提工资附加费。
4. 计提固定资产折旧3 520元。
5. 以银行存款支付办公费、劳动保护费等共计2 908元。
6. 辅助生产车间转入8 200元。

要求：根据以上资料，编制各项费用发生和分配的会计分录。

（二）资料：

某企业生产戊产品，分两个生产步骤连续加工，原材料在第一步骤开始时一次投入，成本计算采用平行结转分步法。两个步骤的完工产品份额和广义在产品之间的费用分配，均采用“定额比例法”。第一步骤原材料成本按原材料定额费用比例分配。第一步骤和第二步骤的工资和其他费用，都按定额工时比例分配。20××年1月份有关资料如下：

第一步骤和第二步骤的定额资料：

项　目	第一步骤		第二步骤	
	完工产品	在产品	完工产品	在产品
原材料定额费用（元）	30 000	6 000		
定额工时（小时）	22 000	8 000	4 500	1 200

月初在产品成本：

单位：元

生产步骤	直接材料	直接人工	制造费用	合　计
第一步骤	2 400	5 600	4 000	12 000
第二步骤		1 560	1 775	3 335

本月发生的生产费用：

单位：元

生产步骤	直接材料	直接人工	制造费用	合　计
第一步骤	30 000	9 400	8 600	48 000
第二步骤		3 000	2 500	5 500

本月完工产量500台。

要求：

1. 根据上述资料，计算各生产步骤应计入产品成本的份额。
2. 计算完工产品总成本和单位成本，编制完工产品入库的会计分录。

下 篇　成本会计实训

实训一

直接材料费用分配实训

一、实训目的

通过对企业材料费用进行归集和分配，了解材料费用的内容和特点，掌握材料费用归集和分配的方法及相关的会计处理。

二、实训资料

（一）领料单

领　　料　　单

领料单位：生产车间　　20××年2月2日　　单位：元　　发料仓库：1号　　（会计联）

编　号	材料名称	规　　格	计量单位	数　　量		单　　价	金　　额
				请　领	实　发		
	甲材料		公斤	1 100	1 100	20	22 000
用　途	A产品耗用			备　注			

部门主管：山风霞　　批料：崔杰杰　　领料人：闫方科　　制单：李泽强

领　　料　　单

领料单位：生产车间　　20××年2月2日　　单位：元　　发料仓库：2号　　（会计联）

编　号	材料名称	规　　格	计量单位	数　　量		单　　价	金　　额
				请　领	实　发		
	乙材料		公斤	900	900	30	27 000
用　途	B产品耗用			备　注			

部门主管：李枫　　批料：许来明　　领料人：武捷　　制单：王瑞

领　　料　　单

领料单位：生产车间　　20××年2月3日　　单位：元　　发料仓库：3号　　（会计联）

编　号	材料名称	规　　格	计量单位	数　　量		单　　价	金　　额
				请　领	实　发		
	丙材料		公斤	650	650	10	6 500
用　途	C产品耗用			备　注			

部门主管：杨美燕　　批料：孙田田　　领料人：于石　　制单：满振兴

领　　料　　单

领料单位：生产车间　　20××年2月3日　　单位：元　　发料仓库：4号　　（会计联）

编　号	材料名称	规　　格	计量单位	数　　量		单　　价	金　　额
				请　领	实　发		
	丁材料		公斤	1 250	1 250	15	18 750
用　途	A、B、C产品共同耗用			备　注			

部门主管：王小红　　批料：李涛　　领料人：石红霞　　制单：邓梦

领　　料　　单

领料单位：供电车间　　20××年2月5日　　单位：元　　发料仓库：3号　　（会计联）

编　号	材料名称	规　　格	计量单位	数　　量		单　　价	金　　额
				请　领	实　发		
	丙材料		公斤	125	125	10	1 250
用　途	机物料耗用			备　注			

部门主管：杨美燕　　批料：孙田田　　领料人：于石　　制单：满振兴

领　　料　　单

领料单位：供水车间　　20××年2月3日　　单位：元　　发料仓库：5号　　（会计联）

编　号	材料名称	规　　格	计量单位	数　　量		单　　价	金　　额
				请　领	实　发		
	戊材料		件	100	100	20	2 000
用　途	低值易耗品			备　注			

部门主管：时楠　　批料：尚青　　领料人：高俊超　　制单：袁萧

领　　料　　单

领料单位：供水车间　　20××年2月17日　　单位：元　　发料仓库：3号　　（会计联）

编　号	材料名称	规　　格	计量单位	数量		单　　价	金　　额
				请　领	实　发		
	丙材料		公斤	50	50	10	500
用　途	机物料耗用			备　注			

部门主管：杨美燕　　批料：孙田田　　领料人：于石　　制单：满振兴

领　　料　　单

领料单位：供水车间　　20××年2月18日　　单位：元　　发料仓库：5号　　（会计联）

编　号	材料名称	规　　格	计量单位	数量		单　　价	金　　额
				请　领	实　发		
	戊材料		件	200	200	20	4 000
用　途	低值易耗品			备　注			

部门主管：时楠　　批料：尚青　　领料人：高俊超　　制单：袁萧

领　　料　　单

领料单位：生产车间　　20××年2月19日　　单位：元　　发料仓库：3号　　（会计联）

编　号	材料名称	规　　格	计量单位	数量		单　　价	金　　额
				请　领	实　发		
	丙材料		公斤	100	100	10	1 000
用　途	机物料耗用			备　注			

部门主管：杨美燕　　批料：孙田田　　领料人：于石　　制单：满振兴

领　　料　　单

领料单位：供水车间　　20××年2月22日　　单位：元　　发料仓库：1号　　（会计联）

编　号	材料名称	规　　格	计量单位	数量		单　　价	金　　额
				请　领	实　发		
	甲材料		公斤	1 000	1 000	20	20 000
用　途	生产用			备　注			

部门主管：山风霞　　批料：崔杰杰　　领料人：闫方科　　制单：李泽强

领　料　单

领料单位：供电车间　　20××年2月21日　　单位：元　　发料仓库：2号　　（会计联）

编　号	材料名称	规　格	计量单位	数量		单　价	金　额
				请　领	实　发		
	乙材料		公斤	150	150	30	4 500
用　途	生产用			备　注			

部门主管：李枫　　批料：许来明　　领料人：武捷　　制单：王瑞

领　料　单

领料单位：供电车间　　20××年2月23日　　单位：元　　发料仓库：1号　　（会计联）

编　号	材料名称	规　格	计量单位	数量		单　价	金　额
				请　领	实　发		
	甲材料		公斤	500	500	20	10 000
用　途	修理用			备　注			

部门主管：山风霞　　批料：崔杰杰　　领料人：闫方科　　制单：李泽强

领　料　单

领料单位：生产车间　　20××年2月23日　　单位：元　　发料仓库：1号　　（会计联）

编　号	材料名称	规　格	计量单位	数量		单　价	金　额
				请　领	实　发		
	甲材料		公斤	250	250	20	5 000
用　途	修理用			备　注			

部门主管：山风霞　　批料：崔杰杰　　领料人：闫方科　　制单：李泽强

领　料　单

领料单位：管理部门　　20××年2月24日　　单位：元　　发料仓库：1号　　（会计联）

编　号	材料名称	规　格	计量单位	数量		单　价	金　额
				请　领	实　发		
	甲材料		公斤	100	100	20	2 000
用　途	修理用			备　注			

部门主管：山风霞　　批料：崔杰杰　　领料人：闫方科　　制单：李泽强

领　料　单

领料单位：供水车间　　20××年2月26日　　单位：元　　发料仓库：1号　　（会计联）

编　号	材料名称	规　格	计量单位	数　量		单　价	金　额
				请　领	实　发		
	甲材料		公斤	150	150	20	3 000
用　途	修理用			备　注			

部门主管：山风霞　　批料：崔杰杰　　领料人：闫方科　　制单：李泽强

领　料　单

领料单位：生产车间　　20××年2月26日　　单位：元　　发料仓库：5号　　（会计联）

编　号	材料名称	规　格	计量单位	数　量		单　价	金　额
				请　领	实　发		
	戊材料		件	15	15	20	300
用　途	低值易耗品			备　注			

部门主管：时楠　　批料：尚青　　领料人：高俊超　　制单：袁萧

（二）产量及消耗定额

A、B、C产品共用丁材料1 250公斤，每公斤15元，共计18 750元。生产A产品300件，单位消耗定额为4公斤；生产B产品200件，单位消耗定额为3公斤；生产C产品75件，单位消耗定额为1公斤。A、B、C产品按原材料定额消耗量比例分配丁材料费用。

三、实训程序和要求

（1）根据领料单，编制领料凭证汇总表。

（2）根据领料凭证汇总表，编制材料费用分配表。

（3）编写相关的会计分录。

（4）保留两位小数。

四、实训设计

（一）实训形式

本实训由两名成本核算员共同完成，一人负责领料单的填写，另一人负责领料凭证汇总表、材料费用分配表的编制和编写有关会计分录。

（二）实训时间

本实训约需500分钟。

（三）实训用纸

领料凭证汇总表

年　月　　　　单位：元

部门 / 金额 / 材料名称	生产车间		辅助生产车间		管理部门	合　计
	产品用	车间用	供水车间	供电车间		
甲材料						
乙材料						
丙材料						
丁材料						
戊材料						
合　计						

材料费用分配表

年　月

应借科目			直接计入	分配计入		合　计
				定　额 消耗量	分配金额 （分配率：　）	
总账科目	明细科目	成　本 费用项目				
生产成本 ——基本生产成本	A产品	原材料				
	B产品	原材料				
	C产品	原材料				
	小　计					
生产成本 ——辅助生产成本	供水车间	原材料				
	供电车间	原材料				
	小　计					
制造费用	生产车间	修理费				
		机物料消耗				
	供水车间	修理费				
		机物料消耗				
	供电车间	修理费				
		机物料消耗				
	小　计					
管理费用	管理部门	修理费				

五、参考答案

领料凭证汇总表

20××年2月

单位：元

部门 金额 材料名称	生产车间		辅助生产车间		管理部门	合　计
	产品用	车间用	供水车间	供电车间		
甲材料						
乙材料						
丙材料						
丁材料						
戊材料						
合　计	74 250	27 050	20 000	4 500	2 000	127 800

材料费用分配表

20××年2月

应借科目			直接计入	分配计入		合　计
总账科目	明细科目	成本费用项目		定额消耗量	分配金额（分配率：10元）	
生产成本——基本生产成本	A产品	原材料	22 000	1 200	12 000	34 000
	B产品	原材料	27 000	600	6 000	33 000
	C产品	原材料	6 500	75	750	7 250
	小　计		55 500	1 875	18 750	74 250
生产成本——辅助生产成本	供水车间	原材料	20 000			
	供电车间	原材料	4 500			
	小　计		24 500			
制造费用	生产车间	修理费	5 000			
		机物料消耗	1 300			
	供水车间	修理费	3 000			
		机物料消耗	2 500			
	供电车间	修理费	10 000			
		机物料消耗	5 250			
	小　计		27 050			
管理费用	管理部门	修理费	2 000			

会计分录：

借：生产成本——基本生产成本（A产品）	34 000	
生产成本——基本生产成本（B产品）	33 000	
生产成本——基本生产成本（C产品）	7 250	
生产成本——辅助生产成本（供水车间）	20 000	
生产成本——辅助生产成本（供电车间）	4 500	
制造费用——生产车间	6 300	
制造费用——供水车间	5 500	
制造费用——供电车间	15 250	
管理费用——修理费	2 000	
贷：原材料		127 800

实训二

外购动力费用的归集和分配实训

一、实训目的

通过对企业外购动力费用进行归集和分配，了解外购动力费用的内容和特点，掌握外购动力费用归集和分配的方法及相关的会计处理。

二、实训资料

各部门用电汇总表

20××年2月　　单位：度

部　　门	生产产品用电	其他用电	合　　计
生产车间	3 000	1 000	4 000
供水车间	1 600	400	2 000
供电车间	900	100	1 000
管理部门		400	400
合　　计	5 500	1 900	7 400

委托收款凭证（付款通知）

委托日期20××年2月24日　　第　号

<table>
<tr><td rowspan="3">付款人</td><td>全　称</td><td>东岳机器厂</td><td rowspan="3">收款人</td><td>全　称</td><td colspan="3">泰山电力公司</td></tr>
<tr><td>账号或地址</td><td>11786256</td><td>账　号</td><td colspan="3">123456789</td></tr>
<tr><td>开户银行</td><td>工行泰安市支行</td><td>开户银行</td><td>工行泰安市支行</td><td>行号</td><td>1000689</td></tr>
<tr><td colspan="2">委托金额</td><td colspan="4">人民币：
（大写）捌仟壹佰玖拾贰元整</td><td colspan="2">百 十 万 千 百 十 元 角 分
8 1 9 2 0 0</td></tr>
<tr><td colspan="2">款项内容</td><td>电费</td><td colspan="2">委托收款凭证名称</td><td></td><td>附寄单证张数</td><td></td></tr>
<tr><td colspan="4">备注

印　章</td><td colspan="4">付款单位注意：
1. 劳务供应双方签订协议后方能办理。
2. 如无协议，可备函说明情况，向收款单位办理委托收款，将原款划回。</td></tr>
</table>

单位主管：　会计：　复核：　记账：　付款人开户行收到日期　年　月　日

生产工时统计表

20××年2月　　单位：工时

产品名称	生产工时
A产品	2 000
B产品	1 100
C产品	900
合　计	4 000

三、实训程序和要求

（1）根据各部门用电汇总表、委托收款凭证付款通知单及生产工时统计表，编写外购动力费用分配表（注：生产用电按照生产工时在A、B、C产品间进行分配）。

（2）根据外购动力费用分配表，编制相关的会计分录。

（3）分配率保留4位小数，金额保留2位小数，尾数计入管理费用。

四、实训设计

（一）实训形式

本实训由一名成本核算员独立完成，负责编制各部门用电汇总表、生产工时统计表和外购动力费用分配表以及会计分录。

（二）实训时间

本项实训约需150分钟。

（三）实训用纸

外购动力费用分配表

年　　月　　　　单位：元

应借科目			数　　量		金　　额
总账科目	明细科目	成　　本 费用项目	生产工时 （分配率：　）	度　　数 （分配率：　）	
生产成本 ——基本生产成本	A 产品	燃料及动力费			
	B 产品	燃料及动力费			
	C 产品	燃料及动力费			
	小　　计				
生产成本 ——辅助生产成本	供水车间	燃料及动力费			
	供电车间	燃料及动力费			
	小　　计				
制造费用	生产车间	电费			
	供水车间	电费			
	供电车间	电费			
	小　　计				
管理费用	管理部门	电费			
合　　计					

五、参考答案

外购动力费用分配表

20××年 2 月　　　　单位：元

应借科目			数　　量		金　　额
总账科目	明细科目	成　　本 费用项目	生产工时 （分配率：0.75）	度　　数 （分配率：1.107）	
生产成本 ——基本生产成本	A 产品	燃料及动力费	2 000	1 500	1 660.50
	B 产品	燃料及动力费	1 100	825	913.28
	C 产品	燃料及动力费	900	675	747.23
	小　　计		4 000	3 000	3 321.00
生产成本 ——辅助生产成本	供水车间	燃料及动力费		1 600	1 771.20
	供电车间	燃料及动力费		900	996.30
	小　　计			2 500	2 767.50
制造费用	生产车间	电费		1 000	1 107.00
	供水车间	电费		400	442.80
	供电车间	电费		100	110.70
	小　　计			1 500	1 660.50
管理费用	管理部门	电费		400	443.00
合　　计				7 400	8 192.00

会计分录：

借：生产成本——基本生产成本（A产品）	1 660.50	
生产成本——基本生产成本（B产品）	913.28	
生产成本——基本生产成本（C产品）	747.23	
生产成本——辅助生产成本（供水车间）	1 771.20	
生产成本——辅助生产成本（供电车间）	996.30	
制造费用——基本生产车间	1 107.00	
制造费用——辅助生产车间（供水车间）	442.80	
制造费用——辅助生产车间（供电车间）	110.70	
管理费用——电费	443.00	
贷：银行存款		8 192.01

实训三

直接人工费用实训

一、实训目的

通过对企业工资费用进行归集和分配，了解工资费用的内容和特点，掌握工资费用归集和分配的方法及相关的会计处理。

二、实训资料

工资结算汇总表

20××年2月

单位：元

部门人员		职工人数	基本工资	奖金	津贴和补贴		应扣工资		应付工资	代扣款项				实发金额
部门名称	人员类别				岗贴	夜贴	病假	事假		医疗保险	住房公积金	其他	小计	
生产车间	生产工人	60	90 000	24 000	12 000	1 600	1 500	1 000	125 100	2 460	1 860		4 320	120 780
	管理人员	8	15 000	3 200	2 400	100	600	100	20 000	350	260		610	19 390
	小计	68	105 000	27 200	14 400	1 700	2 100	1 100	145 100	2 810	2 120		4 932	140 170
供水车间	生产工人	6	11 600	2 400	1 200	600	50	20	15 730	240	186		426	15 304
	管理人员	2	2 800	800	600	60	16	10	4 234	78	56		134	4 100
	小计	8	14 400	3 200	1 800	660	66	30	19 964	318	242		560	19 404
供电车间	生产工人	9	15 500	3 600	1 800	160	60	20	20 980	350	260		610	20 370
	管理人员	3	5 200	1 200	900	50	20	15	7 315	120	85		205	7 110
	小计	12	20 700	4 800	2 700	210	80	35	28 295	470	345		815	27 480
管理人员		10	15 000	4 000	3 000	160	18	20	22 122	360	320		680	21 442
合　计		98	155 100	39 200	21 900	2 730	2 264	1 185	215 481	3 958	3 027		6 985	208 496

生产工时统计表

20××年2月

产品名称	生产工时
A产品	4 500
B产品	3 400
C产品	1 100
合　计	9 000

三、实训程序和要求

（1）根据工资结算汇总表及生产工时统计表，编制工资费用分配表。

（2）根据工资费用分配表，编制会计分录。

（3）保留两位小数。

四、实训用表

工资费用分配表

年　　月

单位：元

应借科目			直接计入	分配计入			应付工资合计
总账科目	明细科目	成本费用项目		生产工时	分配率	分配金额	
基本生产成本	A产品	直接人工					
	B产品	直接人工					
	C产品	直接人工					
	小　计						
辅助生产成本	供水车间	工资					
	供电车间	工资					
	小　计						
制造费用	生产车间	工资					
	供水车间	工资					
	供电车间	工资					
	小　计						
管理费用	工　资						
合　计							

计提工资附加费分配表

年　　月　　　　单位：元

<table>
<tr><th colspan="3">应借科目</th><th rowspan="2">应付工资</th><th rowspan="2">工资附加费
（14%）</th></tr>
<tr><th>总账科目</th><th>明细科目</th><th>成　本
费用项目</th></tr>
<tr><td rowspan="4">基本生产
成　本</td><td>A 产品</td><td>直接人工</td><td></td><td></td></tr>
<tr><td>B 产品</td><td>直接人工</td><td></td><td></td></tr>
<tr><td>C 产品</td><td>直接人工</td><td></td><td></td></tr>
<tr><td colspan="2">小　计</td><td></td><td></td></tr>
<tr><td rowspan="3">辅助生产
成　本</td><td>供水车间</td><td>附加费</td><td></td><td></td></tr>
<tr><td>供电车间</td><td>附加费</td><td></td><td></td></tr>
<tr><td colspan="2">小　计</td><td></td><td></td></tr>
<tr><td rowspan="4">制造费用</td><td>生产车间</td><td>附加费</td><td></td><td></td></tr>
<tr><td>供水车间</td><td>附加费</td><td></td><td></td></tr>
<tr><td>供电车间</td><td>附加费</td><td></td><td></td></tr>
<tr><td colspan="2">小　计</td><td></td><td></td></tr>
<tr><td>管理费用</td><td colspan="2">附加费</td><td></td><td></td></tr>
<tr><td colspan="3">合　计</td><td></td><td></td></tr>
</table>

五、参考答案

1. 借：基本生产成本　　125 100
　　　辅助生产成本　　36 710
　　　制造费用　　31 549
　　　管理费用　　22 122
　　贷：应付职工薪酬　　215 481
2. 借：基本生产成本　　17 514
　　　辅助生产成本　　5 139.4
　　　制造费用　　4 416.86
　　　管理费用　　3 097.08
　　贷：应付职工薪酬　　30 167.34

实训四

辅助生产费用归集与分配实训

一、实训目的

通过对企业辅助生产费用进行归集和分配，了解辅助生产费用的内容和特点，掌握辅助生产费用归集和分配的方法及相关的会计处理。

二、实训资料

某企业设有机修车间和供电车间两个辅助生产车间。该企业辅助生产车间的制造费用不通过“制造费用”科目核算，辅助生产费用采用直接分配法。该企业20××年4月将辅助生产费用分配方法由“直接分配法”改为“交互分配法”，会计核算采用未来适用法。

（一）20××年3月辅助生产发生的费用资料

1. 领料及材料费用分配情况：

材料费用分配情况

20××年3月

单位：元

应借科目			直接计入	分配计入		合计
总账科目	明细科目	成本费用项目		定额消耗量	分配额（分配率：2）	
基本生产成本	A产品	原材料	6 000	4 000	8 000	14 000
	B产品	原材料	7 000	6 000	12 000	19 000
	小计		13 000	10 000	20 000	33 000
辅助生产成本	机修车间	修理用备件	10 000			10 000
		机物料消耗	6 000			6 000
	供电车间	燃料	40 000			40 000
		机物料消耗	4 000			4 000
	小计		60 000			60 000

续表

应借科目			直接计入	分配计入		合　　计
总账科目	明细科目	成　本费用项目		定　额消耗量	分配额（分配率：2）	
制造费用	基本生产车间	修理费	1 200			1 200
		机物料消耗	2 800			2 800
	小　　计		4 000			4 000
管理费用	修 理 费		2 600			2 600
合　　计			79 600		20 000	99 600

2. 职工薪酬：

工 资 费 用 分 配 表

20××年 3 月　　　　单位：元

应借科目			直接计入	分配计入			工资费用	工资附加费（14%）
总账科目	明细科目	成　本费用项目		生产工时	分配率	分配金额		
基本生产成　本	A 产品	工资		4 000		40 000	40 000	5 600
	B 产品	工资		2 000		20 000	20 000	2 800
	小　　计			6 000	10	60 000	60 000	8 400
辅助生产成　本	机修车间	工资	10 000				10 000	1 400
	供电车间	工资	6 000				6 000	840
	小　　计		16 000				16 000	2 240
制造费用	基本生产车间	工资	8 600				8 600	1 204
管理费用		工资	6 400				6 400	896
合　　计			31 000			60 000	91 000	12 740

3. 折旧费用：

固定资产折旧费用计算表

20××年 3 月　　　　单位：元

项　　目		固定资产名称	原　　值	月折旧率（%）	折旧额
基本生产车间		设备	3 000 000	0.7	21 000
		房屋	2 000 000	0.3	6 000
辅助生产车　间	机修	设备	800 000	0.7	5 600
		房屋	700 000	0.3	2 100
	供电	设备	900 000	0.7	6 300
		房屋	200 000	0.3	600
行政管理部门		设备	200 000	0.7	1 400
		房屋	800 000	0.3	2 400
合　　计			8 600 000		45 400

4. 以银行存款支付的其他费用。

机修车间发生其他费用2 642元。

供电车间发生其他费用3 168元。

5. 劳务供应情况：

机修车间劳务资料报告单

20××年3月

收益单位	供电车间	基本生产车间	行政管理部门	合　计
劳务供应量（工时）	600	4 600	1 400	6 600

供电车间劳务资料报告单

20××年3月

收益单位	机修车间	基本生产车间		行政管理部门	合　计
		产品用电	照明用电		
劳务供应量（度）	800	6 000	659	2 580	10 039

（二）20××年4月该企业辅助生产费用分配方法由“直接分配法”改为“交互分配法”后，辅助生产发生的费用资料

1. 领料及材料费用分配情况：

材料费用分配情况

20××年4月　　单位：元

应借科目			直接计入	分配计入		合　计
总账科目	明细科目	成本费用项目		定额消耗量	分配额（分配率：2）	
基本生产成本	A产品	原材料	6 000	4 000	8 000	14 000
	B产品	原材料	7 000	6 000	12 000	19 000
	小计		13 000	10 000	20 000	33 000
辅助生产成本	机修车间	修理用备件	10 000			10 000
		机物料消耗	6 000			6 000
	供电车间	燃料	40 000			40 000
		机物料消耗	4 000			4 000
	小计		60 000			60 000
制造费用	基本生产车间	修理费	1 200			1 200
		机物料消耗	2 800			2 800
	小计		4 000			4 000
管理费用	修理费		2 600			2 600
合　计			79 600		20 000	99 600

2. 职工薪酬：

工资费用分配表

20××年4月

单位：元

应借科目			直接计入	分配计入			工资费用	工资附加费（14%）
总账科目	明细科目	成本费用项目		生产工时	分配率	分配金额		
基本生产成本	A产品	工资		4 000		40 000	40 000	5 600
	B产品	工资		2 000		20 000	20 000	2 800
	小计			6 000	10	60 000	60 000	8 400
辅助生产成本	机修车间	工资	10 000				10 000	1 400
	供电车间	工资	6 000				6 000	840
	小计		16 000				16 000	2 240
制造费用	基本生产车间	工资	8 600				8 600	1 204
管理费用		工资	6 400				6 400	896
合计			31 000			60 000	91 000	12 740

3. 折旧费用：

固定资产折旧费用计算表

20××年4月

单位：元

项目		固定资产名称	原值	月折旧率（%）	折旧额
基本生产车间		设备	3 000 000	0.7	21 000
		房屋	2 000 000	0.3	6 000
辅助生产车间	机修	设备	800 000	0.7	5 600
		房屋	700 000	0.3	2 100
	供电	设备	900 000	0.7	6 300
		房屋	200 000	0.3	600
行政管理部门		设备	200 000	0.7	1 400
		房屋	800 000	0.3	2 400
合计			8 600 000		45 400

4. 以银行存款支付的其他费用。

机修车间发生其他费用2 642元。

供电车间发生其他费用3 168元。

5. 劳务供应情况：

机修车间劳务资料报告单

20××年4月

收益单位	供电车间	基本生产车间	行政管理部门	合计
劳务供应量（工时）	600	4 600	1 400	6 600

供电车间劳务资料报告单

20××年4月

收益单位	机修车间	基本生产车间		行政管理部门	合　　计
		产品用电	照明用电		
劳务供应量（度）	800	6 000	659	2 580	10 039

三、实训程序和要求

（一）采用直接法进行辅助生产成本的归集和分配

1. 登记辅助生产成本明细账。
2. 编制辅助生产费用分配表。
3. 编制辅助生产费用分配的会计分录并登记辅助生产成本明细账。

（二）采用交互分配法进行辅助生产成本的归集和分配

1. 根据20××年4月该企业辅助生产费用及提供的劳务资料登记辅助生产成本明细账。
2. 编制辅助生产费用分配表。
3. 编制辅助生产费用分配表的会计分录并登记辅助生产成本明细账。
4. 分配率保留3位小数，金额保留2位小数，尾数计入“管理费用”。

四、实训用表

（一）直接分配法

辅助生产成本明细账

车间：机修车间　　　　单位：元

年		摘　　要	成本项目									合　计
月	日											

辅助生产成本明细账

车间：供电车间　　　　单位：元

年		摘　要	成本项目									合　计
月	日											

辅助生产费用分配表（直接分配法）

年　　月　　　　单位：元

项　　目		机修车间	供电车间	合　　计
待分配费用				
提供劳务量				
分配率				
基本生产产品耗用	耗用数量			
	分配金额			
基本生产车间耗用	耗用数量			
	分配金额			
行政管理部门	耗用数量			
	分配金额			
合　　计				

（二）交互分配法

辅助生产费用分配表（交互分配法）

项　　目		交互分配			对外分配		
		供电车间	机修车间	小　　计	供电车间	机修车间	小　　计
待分配费用							
劳务提供量							
分配率							
供电车间	耗用数量						
	分配金额						

续表

项目		交互分配			对外分配		
		供电车间	机修车间	小计	供电车间	机修车间	小计
机修车间	耗用数量						
	分配金额						
分配小计							
产品耗用	耗用数量						
	分配金额						
基本生产车间耗用	耗用数量						
	分配金额						
行政管理部门	耗用数量						
	分配金额						
分配金额合计							

五、参考答案

辅助生产——机修车间：3 月份发生额合计 37 742 元。

辅助生产——机修车间：4 月份发生额合计 39 164.80 元。

辅助生产——供电车间：3 月份发生额合计 60 908 元。

辅助生产——供电车间：4 月份发生额合计 59 485.20 元。

直接分配法：基本生产产品负担的辅助生产费用 39 552 元。
基本生产车间负担的辅助生产费用 33 278.13 元。
管理部门负担的辅助生产费用 25 819.87 元。

交互分配法：交互分配率：机修车间 5.718 元，供电车间 6.067 元。
对外分配率：机修车间 6.527 元，供电车间 6.438 元。
基本生产产品负担的辅助生产费用 38 628 元。
基本生产车间负担的辅助生产费用 34 266.84 元。
管理部门负担的辅助生产费用 25 755.16 元。

3 月份发生的经济业务会计处理：

1. 领用材料：

借：生产成本——辅助生产成本（机修车间）	16 000	
生产成本——辅助生产成本（供电车间）	44 000	
贷：原材料		60 000

2. 分配工资：

借：生产成本——辅助生产成本（机修车间）	10 000	
生产成本——辅助生产成本（供电车间）	6 000	
贷：应付职工薪酬		16 000

3. 计提工资附加费：

借：生产成本——辅助生产成本（机修车间）　　1 400
　　生产成本——辅助生产成本（供电车间）　　840
　　贷：应付职工薪酬　　2 240

4. 计提折旧：

借：生产成本——辅助生产成本（机修车间）　　7 700
　　生产成本——辅助生产成本（供电车间）　　6 900
　　贷：累计折旧　　14 600

5. 支付其他费用：

借：生产成本——辅助生产成本（机修车间）　　2 642
　　生产成本——辅助生产成本（供电车间）　　3 168
　　贷：银行存款　　5 810

直接分配法下的会计处理：

3 月份机修车间：37 742 元

分配率 = 37 742 ÷ 6 000 = 6. 29

基本生产车间 = 4 600 × 6. 29 = 28 934（元）

管理部门 = 37 742 − 28 934 = 8 808（元）

3 月份供电车间：60 908 元

分配率 = 60 908 ÷ 9 239 = 6. 592

产品分配 = 6 000 × 6. 592 = 39 552（元）

基本生产车间 = 659 × 6. 592 = 4 344. 13（元）

管理部门 = 17 011. 87（元）

借：生产成本——基本生产成本　　39 552
　　生产成本——基本生产车间　　33 278. 13
　　管理费用　　25 819. 87
　　贷：生产成本——辅助生产成本（机修车间）　　37 742
　　　　生产成本——辅助生产成本（供电车间）　　60 908

交互分配法下的会计处理：

4 月份机修车间：37 742 元

4 月份供电车间：60 908 元

（1）计算交互分配率：

机修车间分配率 = 37 742 ÷ 66 00 = 5. 718

供电车间分配率 = 60 908 ÷ 10 039 = 6. 067

（2）交互分配：

机修车间应分配的电费 = 800 × 6. 067 = 4 853. 6（元）

供电车间应分配的机修费 = 600 × 5. 718 = 3 430. 8（元）

借：生产成本——辅助生产成本（机修车间）　　4 853. 6
　　生产成本——辅助生产成本（供电车间）　　3 430. 8
　　贷：生产成本——辅助生产成本（供电车间）　　4 853. 6
　　　　生产成本——辅助生产成本（机修车间）　　3 430. 8

(3) 计算辅助生产车间交互分配后的费用：

机修车间 =37 742 +4 853.6 -3 430.8 =39 164.80（元）

供电车间 =60 908 +3 430.8 -4 853.6 =59 485.20（元）

(4) 计算对外分配率：

机修车间分配率 =39 164.80 ÷(6 600 -600) =6.527

供电车间分配率 =59 485.20 ÷(10 039 -800) =6.438

产品生产应分配的电费 =6 000 ×6.438 =38 628（元）

基本生产车间应分配的机修费用 =4 600 ×6.257 =30 024.20（元）

基本生产车间应分配的电费 =659 ×6.438 =4 242.64（元）

基本生产车间应分配的费用合计：34 266.84（元）

行政管理部门应分配的机修费用 =39 164.8 -30 024.2 =9 140.6（元）

行政管理部门应分配的机修电费 =59 485.20 -38 628 -4 242.64 =16 614.56（元）

行政管理部门应分配的费用合计：25 755.16（元）

借：生产成本——基本生产成本	38 628	
生产成本——基本生产车间	34 266.84	
管理费用	25 755.16	
贷：生产成本——辅助生产成本（机修车间）		39 164.80
生产成本——辅助生产成本（供电车间）		59 485.20

实训五

制造费用归集与分配实训

一、实训目的

通过对企业制造费用进行归集和分配，了解制造费用的内容和特点，掌握制造费用归集和分配方法及相关会计处理。

二、实训资料

泰山泰龙有限公司是一家生产纺织产品的公司。该公司为一般纳税企业，有一个基本生产车间和一个辅助生产车间，主要生产甲产品和乙产品等纺织材料。其制造费用采用工时比例法进行分配。

20××年3月基本生产车间发生的有关制造费用的经济业务如下：

（1）生产车间购置办公用品2 150元。款项以现金支票支付。发票及现金支票略。

（2）生产车间支付材料加工费2 340元。其中，加工费2 000元，增值税340元。增值税发票及转账支票略。

（3）生产车间购置劳动保护用品3 682元。发票及转账支票略。

（4）开出转账支票，支付本月水费4 680元。其中，水费4 000元，增值税680元。增值税发票及转账支票略。外购水费分配见下表。

外购水费分配表

20××年3月

单位：元

部门		用水数量（吨）	分配金额（元）（分配率：2）
生产车间	基本生产车间	1 586	3 172
	辅助生产车间	351	702
管理部门		63	126
合计		2 000	4 000

（5）开出转账支票，支付本月电费35 100元。其中，电费30 000元，增值税5 100元。增值税发票及转账支票略。外购电费分配见下表。

外购电费分配表

20××年3月　　单位：元

部门		用水数量（吨）	分配金额（元）（分配率：0.5）
生产车间	基本生产车间	56 000	28 000
	辅助生产车间	12 000	6 000
管理部门		2 200	1 100
合计		70 200	35 100

（6）计提本月固定资产折旧见下表。

固定资产折旧计算表

20××年3月　　单位：元

科目 \ 部门 \ 项目		固定资产原值	月折旧率	折旧额
制造费用	基本生产车间	12 000 000	1.01%	121 200
	辅助生产车间	6 800 000	0.85%	57 800
管理费用	管理部门	1 200 000	0.63%	7 560
合计		20 000 000		186 560

（7）支付本月应负担的固定资产租赁费。租赁费用分配见下表。

租赁费用分配计算表

20××年3月　　单位：元

部门 \ 项目	本月分摊的租赁费
基本生产车间	5 000
管理部门	2 000
合计	7 000

（8）根据工资结算汇总表计算本月应付职工薪酬。

工资费用分配表

20××年3月　　单位：元

应借科目 \ 部门	应付职工薪酬			
	基本生产车间	辅助生产车间	管理部门	合计
基本生产成本	98 000			98 000
制造费用	13 000	56 000		69 000
管理费用			1 300	1 300
合计	111 000	56 000	1 300	168 300

（9）按工资总额的14%计提工资附加费。

计提工资附加费分配表

20××年3月　　　　单位：元

应借科目＼部门	应付职工薪酬			
	基本生产车间	辅助生产车间	管理部门	合　计
基本生产成本	13 720			13 720
制造费用	1 820	784		2 604
管理费用			182	182
合　计	15 540	784	182	16 506

（10）本月耗用材料。

耗用材料分配表

20××年3月

用途＼数量金额＼材料	A材料			B材料			C材料			合　计
	数量（吨）	单价（元）	金额（元）	数量（吨）	单价（元）	金额（元）	数量（吨）	单价（元）	金额（元）	
甲产品	16	2 800	44 800	12	2 160	25 920				70 720
乙产品	12	2 600	31 200	10	1 968	19 680				50 880
生产车间耗用							9	1 200	10 800	10 800
合　计	28		76 000	22		45 600	9		10 800	132 400

（11）甲产品和乙产品的生产工时分别为5 186小时和2 814小时。

三、实训程序和要求

（1）根据上述经济业务编制记账凭证。
（2）登记基本生产车间制造费用明细账。
（3）编制制造费用分配表，分配率保留4位小数，尾数计入乙产品。
（4）编制分配结转制造费用的记账凭证并登记制造费用明细账。

四、实训用表

制造费用分配表

年　　月　　　　金额：元

产品名称	生产工时	分配率	分配金额
甲产品			
乙产品			
合　计			

制造费用明细账

户名：基本生产车间

年		凭证		摘要	小计									
月	日	字	号											

五、参考答案

1. 制造费用总额为180 364元。

2. 制造费用分配率为25.7663元/小时，甲产品应分配133 624.03元，乙产品应分配46 739.97元。

制造费用分配表

20××年3月　　　　金额：元

产品名称	生产工时	分配率	分配金额
甲产品	5 186	25.7663	133 624.03
乙产品	2 814		46 739.97
合　计	7 000		180 364

制造费用明细账

户名：基本生产车间

年		凭证		摘要	小计	办公费	加工费	劳保费	水费	电费	折旧费	租赁费	工资费	附加费
月	日	字	号											
					2 150	2 150								
					4 490		2 340							
					8 172			3 682						
					11 344				3 172					
					39 344					28 000				
					160 544						121 200			
					165 544							5 000		
					178 544								13 000	
					180 364									1 820

会计处理：

（1）借：制造费用——基本生产车间	2 150	
贷：银行存款		2 150
（2）借：制造费用——基本生产车间	2 340	
贷：银行存款		2 340
（3）借：制造费用——基本生产车间	3 682	
贷：银行存款		3 682
（4）借：制造费用——基本生产车间	3 172	
——辅助生产车间	702	
管理费用	126	
贷：银行存款		4 000
（5）借：制造费用——基本生产车间	28 000	
——辅助生产车间	6 000	
管理费用	1 100	
贷：银行存款		35 100
（6）借：制造费用——基本生产车间	121 200	
——辅助生产车间	57 800	
管理费用	7 560	
贷：累计折旧		186 560
（7）借：制造费用——基本生产车间	5 000	
管理费用	4 000	
贷：银行存款		9 000
（8）借：生产成本——基本生产成本	98 000	
制造费用——基本生产车间	13 000	
——辅助生产车间	56 000	
管理费用	1 300	
贷：应付职工薪酬		168 300
（9）借：生产成本——基本生产成本	13 720	
制造费用——基本生产车间	1 820	
——辅助生产车间	784	
管理费用	182	
贷：应付职工薪酬		16 506

实训六

品种法实训

一、实训目的

通过一套完整的资料，把品种法所用的各种费用分配表和明细表结合起来，掌握品种法的内容和特点，理解产品成本计算的基本原理，培养学生的理论应用能力和实际操作能力，熟练掌握各种费用归集和分配的方法及相关的会计处理。

二、实训资料

泰山机床厂设有一车间、二车间两个基本生产车间，大批量生产 A、B、C 三种产品，其工艺过程属于单步骤生产。一车间生产 A、B 两种产品，二车间生产 C 产品。还设有供电、机修两个辅助生产车间，为基本生产车间和管理部门提供服务。辅助生产车间用制造费用账户核算。产品成本包括直接材料、直接人工和制造费用三个成本项目。A、B、C 产品的原材料均为在生产时一次投入。该企业定额管理基础较好，产品的消耗定额或费用定额比例比较准确、稳定，A、B、C 三种产品各月末在产品数量变化较大，月末采用定额比例法将本月实际生产费用在本月完工产品和月末在产品之间进行分配。直接材料费用按定额费用比例分配，其他费用按定额工时比例分配。

（一）该企业 20××年 4 月初有关产品成本核算资料

产品产量资料

20××年 4 月

单位：件

产品名称	月初在产品	本月投产	本月完工	月末在产品
A 产品	800	7 200	6 500	1 500
B 产品	600	2 300	2 900	0
C 产品	320	3 680	3 200	800

月初在产品成本

20××年4月

单位：元

产品名称	直接材料	直接人工	制造费用	合计
A产品	8 090	5 880	6 830	20 800
B产品	16 000	2 685	1 880	20 565
C产品	6 160	2 968	2 728	11 856

（二）定额资料

完工产品定额资料

20××年4月

产品名称	A产品	B产品	C产品
材料费用定额（元）	12	28	20
工时定额（小时）	6	4	1

月末在产品定额资料

20××年4月

产品名称	A产品	B产品	C产品
材料费用定额（元）	12	28	20
工时定额（小时）	3.5	2	0.5

（三）该企业20××年4月发生的有关经济业务

1. 本月以银行存款支付各种费用，见银行存款支付汇总表。

银行存款支付汇总表

20××年4月

单位：元

项目 部门	办公费	劳动保护费	差旅费	其他费用
一车间	5 800	4 000	6 000	20 000
二车间	1 900	2 100	1 000	3 660
供电车间	800	650	300	1 000
机修车间	1 200	600	230	1 500
管理部门	10 860	300	5 560	2 350

2. 本月生产耗用材料费用见领料凭证汇总表。生产A产品耗用材料36 300元，生产B产品耗用材料31 300元，生产A、B产品共同耗用材料90 000元。A、B两种产品共同耗用的材料按定额费用的比例进行分配。

领料凭证汇总表

20××年4月

单位：元

领用部门	材料用途	1～10日	11～20日	21～30日	合　计
一车间	原材料	55 000	51 800	50 800	157 600
	低值易耗品	300	400	56.67	756.67
	机物料消耗	2 000	2 600	1 020	5 620
	维修费	200	700	900	1 800
	小　计	57 500	55 500	52 776.67	165 776.67
二车间	原材料	20 000	26 000	15 000	61 000
	低值易耗品	150	150	150	450
	机物料消耗	800	700	350	1 850
	维修费	300	200	900	1 400
	小　计	21 250	27 050	16 400	64 700
供电车间	低值易耗品	100	100	129	329
	机物料消耗	1 000	600	600	2 200
	维修费	200	400	500	1 100
	小　计	1 300	1 100	1 229	3 629
机修车间	低值易耗品	200	200	366.67	766.67
	机物料消耗	800	500	300	1 600
	维修费	120	200	600	920
	小　计	1 120	900	1 266.67	3 286.67

3. 本月应付工资费用见工资结算汇总表。生产工人的工资按实际生产工时的比例进行分配。

工资结算汇总表

20××年4月

单位：元

车间或部门	职工类别	应付工资	代扣款项	实发金额
一车间	生产工人	120 000	2 370	117 630
	管理人员	40 000	5 620	34 380
二车间	生产工人	7 000	800	6 200
	管理人员	2 000	198	1 802
供电车间	生产工人	6 000	500	5 500
	管理人员	2 000	720	1 280
机修车间	生产工人	8 000	240	7 760
	管理人员	2 000	530	1 470
管理部门	管理人员	18 000	1 590	16 410
合　计		205 000	12 568	192 432

4. 计提本月固定资产折旧费。该企业4月份管理部门购置一项新设备9 800元，已投入使用，同时报废一项旧设备22 000元。3月份固定资产折旧见固定资产折旧表。

固定资产折旧表

20××年3月

单位：元

使用部门	一车间	二车间	供电车间	机修车间	管理部门
折旧额	20 000	1 500	2 000	2 980	3 000

5. 摊销低值易耗品价值。各车间、部门本月领用的低值易耗品，按规定采用一次摊销法摊销。各个车间领用的周转材料——低值易耗品见领料凭证汇总表。

6. 分配辅助生产费用。辅助生产费用按一次交互分配法进行分配。供电车间、机修车间为各受益对象提供的劳务数量见辅助生产车间劳务量统计表。

辅助生产车间劳务量统计表

20××年4月

受益对象	供电车间（度）	机修车间（工时）
A产品（生产用）	72 300	
B产品（生产用）	17 400	
C产品（生产用）	6 400	
一车间（照明用）	2 100	3 000
二车间（照明用）	1 000	1 600
供电车间		1 000
机修车间	17 800	
管理部门（办公用）	3 000	400
合　计	120 000	6 000

7. 分配制造费用。一车间的制造费用按产品的实际生产工时比例，在A、B两种产品之间进行分配。本月各种产品的实际生产工时见各种产品本月实际生产工时统计表。

各种产品本月实际生产工时统计表

20××年4月

产品名称	A产品	B产品	C产品
实际生产工时（小时）	40 400	9 600	3 520

8. 分配各成本项目费用，计算产品成本。完工产品及在产品数量及有关定额资料见完工产品和月末在产品定额表。

完工产品和月末在产品定额表

20××年4月30日

	产品名称	数量（件）	原材料 费用定额（元）	其他费用 工时定额（小时）
完工产品	A产品	6 500	12	6
	B产品	2 900	28	4
	C产品	3 200	20	1
在产品	A产品	1 500	12	3.5
	B产品	0	28	2
	C产品	800	20	0.5
总定额	A产品			
	B产品			
	C产品			

9. 结转完工产品成本。

三、实训程序和要求

1. 根据本月货币支出资料，编制其他费用分配表及银行存款付款凭证（可以编制银行存款汇总付款凭证）。

2. 根据领料凭证汇总表以及其他有关资料编制材料费用分配表，并编制记账凭证。

3. 根据工资结算汇总表及生产工时，编制工资费用分配表及工资附加费分配表，并编制记账凭证。

4. 根据固定资产折旧资料，编制固定资产折旧费用分配表，并编制记账凭证。

5. 根据有关资料，编制周转材料——低值易耗品推销分配表，并编制记账凭证。

6. 根据上述各种费用分配表，登记辅助生产成本明细账、制造费用明细账、基本生产成本明细账、管理费用明细账。

7. 根据辅助生产成本明细账以及其他有关资料，编制辅助生产费用分配表，并编制记账凭证。

8. 根据辅助生产费用分配表，登记辅助生产成本明细账、制造费用明细账、基本生产成本明细账、管理费用明细账。

9. 根据制造费用明细账以及其他有关资料，编制制造费用分配表，并编制记账凭证。

10. 根据制造费用分配表，登记制造费用明细账、基本生产成本明细账。

11. 根据完工产品和月末在产品定额资料，计算本月完工产品和月末在产品定额。

12. 根据基本生产成本明细账和本月完工产品、月末在产品定额资料，编制产品成本计算表，计算各种完工产品的成本。

13. 根据产品成本计算表，编制产品成本汇总表，并编制记账凭证。

14. 根据产品成本汇总表，登记基本生产成本明细账，结转完工产品成本，结算月末在产品成本。

15. 月末将管理费用明细账上的费用转出。

16. 根据记账凭证，编制科目汇总表，登记各有关总账。

17. 实验过程中的计算结果，分配率保留 4 位小数，金额保留 2 位小数，尾数计入管理费用。

四、实训设计

1. 实训形式：本实训由几名成本核算员共同完成，一人负责领料凭证汇总表以及其他有关资料编制材料费用分配表、工资费用分配表及工资附加费分配表，并编制记账凭证；一人负责编制固定资产折旧费用分配表、周转材料——低值易耗品推销分配表，并编制记账凭证；一人负责编制辅助生产费用分配表、制造费用分配表，并编制记账凭证；一人负责根据基本生产成本明细账和本月完工产品、月末在产品定额资料，编制产品成本计算表，计算各种完工产品的成本；一人负责将管理费用明细账的费用转出，根据有关记账凭证，编制科目汇总表，登记有关明细账和总账。

2. 实训时间：本项实训约需 900 分钟。

3. 实训用纸。

其 他 费 用 分 配 表

年 月 日 单位：元

部 门	办公费	劳动保护费	差旅费	其他费用	合 计
一车间					
二车间					
供电车间					
机修车间					
管理费用					
合 计					

汇 总 付 款 凭 证

贷方科目：银行存款 年 月 日 单位：元

应 借 科 目			金 额
总账科目	明细科目	成本或费用项目	
制造费用	一车间	办公费	
		劳动保护费	
		差旅费	
		其他费用	
	小 计		
	二车间	办公费	
		劳动保护费	
		差旅费	
		其他费用	
	小 计		

续表

单位：元

应借科目			金额
总账科目	明细科目	成本或费用项目	
辅助生产成本	供电车间	办公费	
		劳动保护费	
		差旅费	
		其他费用	
	小计		
	机修车间	办公费	
		劳动保护费	
		差旅费	
		其他费用	
	小计		
管理费用	管理部门	办公费	
		劳动保护费	
		差旅费	
		其他费用	
	小计		
合计			

周转材料——低值易耗品摊销分配表

年 月 日

单位：元

分配对象	一车间	二车间	供电车间	机修车间	合计
分配金额					
合计					

材料费用分配表

年 月 日

单位：元

分配对象		成本费用项目	直接计入	分配计入			材料费用合计
				定额费用	分配率	应分配额	
A产品		直接材料					
B产品		直接材料					
小计							
C产品		直接材料					
一车间	一般耗用	机物料					
	修理用	修理费					
	小计						

续表

单位：元

分配对象		成本费用项目	直接计入	分配计入			材料费用合计
				定额费用	分配率	应分配额	
二车间	一般耗用	机物料					
	修理用	修理费					
	小计						
供电车间	一般耗用	机物料					
	修理用	修理费					
	小计						
机修车间	一般耗用	机物料					
	修理用	修理费					
	小计						
合计							

记 账 凭 证

年 月 日

字第 号

摘要	会计科目		借方	贷方
	总账科目	明细科目		
合计				

工 资 费 用 分 配 表

年 月 日

单位：元

分配对象	成本费用项目	直接计入	分配计入			工资费用合计
			生产工时	分配率	应分配额	
A产品						
B产品						
小计						
C产品						
一车间管理人员						
二车间管理人员						
供电车间人员						
机修车间人员						
管理部门人员						
合计						

工资附加费分配表

年　月　日　　　　　　　　　　　　单位：元

分配对象	工资总额	工资附加费（14%）
A产品		
B产品		
C产品		
小　计		
一车间管理人员		
二车间管理人员		
供电车间人员		
机修车间人员		
管理部门人员		
合　　计		

固定资产折旧费用分配表

年　月　日　　　　　　　　　　　　单位：元

使用部门	上月折旧费用	本月应增加计提折旧费用	本月应减少计提折旧费用	本月应计提折旧费用
一车间				
二车间				
供电车间				
机修车间				
管理部门				
合　计				

周转材料——低值易耗品摊销分配表

年　月　日　　　　　　　　　　　　单位：元

使用部门	费用项目	本期摊销金额
一车间		
二车间		
供电车间		
机修车间		
合　　计		

辅助生产成本明细账

车间名称：供电车间　　　　年　月　日　　　　单位：元

日期	摘　要	职工薪酬	折旧费	修理费	机物料消耗	办公费	差旅费	劳动保护费	低值易耗品摊销	其他费用	合计
	分配工资费用										
	分配附加费										
	计提折旧费										
	分配材料费用										
	摊销低值易耗品										
	支付其他费用										
	小　计										
	分配转入										
	分配转出										
	本月合计										
	本月转出										

辅助生产成本明细账

车间名称：机修车间　　　　年　月　日　　　　单位：元

日期	摘　要	职工薪酬	折旧费	修理费	机物料消耗	办公费	差旅费	劳动保护费	低值易耗品摊销	其他费用	合计
	分配工资费用										
	分配附加费										
	计提折旧费										
	分配材料费用										
	摊销低值易耗品										
	支付其他费用										
	小　计										
	分配转入										
	分配转出										
	本月合计										
	本月转出										

制造费用明细账

车间名称：一车间　　　　年　月　日　　　　单位：元

日期	摘　要	职工薪酬	折旧费	修理费	机物料消耗	办公费	差旅费	劳动保护费	低值易耗品摊销	其他费用	合计
	分配工资费用										
	分配附加费										
	计提折旧费										

续表

单位：元

日期	摘　　要	职工薪酬	折旧费	修理费	机物料消　耗	办公费	差旅费	劳　动保护费	低 值 易耗品摊销	其他费用	合计
	分配材料费用										
	摊销低值易耗品										
	支付其他费用										
	小　计										
	分配转入										
	分配转出										
	本月合计										
	本月转出										

辅助生产费用分配表

年　月　日

单位：元

分配对象		交　互　分　配			对　外　分　配		
辅助生产车间名称		供电车间	机修车间	合　　计	供电车间	机修车间	合　　计
待分配费用							
供应劳务数量							
分 配 率							
供电车间	耗用数量						
	分配金额						
机修车间	耗用数量						
	分配金额						
金额小计							
A 产品	耗用数量						
	分配金额						
B 产品	耗用数量						
	分配金额						
C 产品	耗用数量						
	分配金额						
金额小计							
一车间	耗用数量						
	分配金额						
二车间	耗用数量						
	分配金额						
金额小计							
管理部门	耗用数量						
	分配金额						
分配金额合计							

制造费用分配表

年 月 日

单位：元

分配对象	生产工时	分配率	分配金额
A 产品			
B 产品			
小 计			
C 产品			
合 计			

制造费用明细账

车间名称：二车间

年 月 日

单位：元

日期	摘 要	职工薪酬	折旧费	修理费	机物料消耗	办公费	差旅费	劳动保护费	低值易耗品摊销	其他费用	合计
	分配工资费用										
	分配附加费										
	计提折旧费										
	分配材料费用										
	摊销低值易耗品										
	支付其他费用										
	小 计										
	分配转入										
	分配转出										
	本月合计										
	本月转出										

完工产品和月末在产品定额计算表

年 月 日

单位：元

	产品名称	数 量	原材料		其他费用	
			费用定额	定额费用	工时定额	定额工时
完工产品	A 产品					
	B 产品					
	C 产品					
在产品	A 产品					
	B 产品					
	C 产品					
总定额	A 产品					
	B 产品					
	C 产品					

完工产品和月末在产品成本计算表

产品名称：A产品　　　　年　月　日　　　　单位：元

项　　目	直接材料	直接人工	制造费用	合　　计
月末在产品成本				
本月生产费用				
生产费用累计				
分配率				
完工产品定额				
月末在产品定额				
小　计				
完工产品成本				
单位成本				
月末在产品成本				

完工产品和月末在产品成本计算表

产品名称：B产品　　　　年　月　日　　　　单位：元

项　　目	直接材料	直接人工	制造费用	合　　计
月末在产品成本				
本月生产费用				
生产费用累计				
完工产品成本				
单位成本				

完工产品和月末在产品成本计算表

产品名称：C产品　　　　年　月　日　　　　单位：元

项　　目	直接材料	直接人工	制造费用	合　　计
月末在产品成本				
本月生产费用				
生产费用累计				
分配率				
完工产品定额				
月末在产品定额				
小　计				
完工产品成本				
单位成本				
月末在产品成本				

产品成本汇总表

年　月　日　　　　单位：元

产品名称 成本项目	A产品		B产品		C产品		合　计
	总成本	单位成本	总成本	单位成本	总成本	单位成本	
直接材料							
直接人工							
制造费用							
合　计							

基本生产成本明细账

产品名称：A产品　　　　年　月　日　　　　单位：元

年		凭证字号	摘　要	直接材料	直接人工	制造费用	合　计
月	日						
			月末在产品成本				
			分配材料费				
			分配工资费用				
			分配附加费				
			分配动力费				
			分配制造费用				
			本月生产费用				
			生产费用合计				
			结转产成品成本				
			单位成本				
			月末在产品成本				

基本生产成本明细账

产品名称：B产品　　　　年　月　日　　　　单位：元

年		凭证字号	摘　要	直接材料	直接人工	制造费用	合　计
月	日						
			月末在产品成本				
			分配材料费				
			分配工资费用				
			分配附加费				
			分配动力费				
			分配制造费用				
			本月生产费用				
			生产费用合计				
			结转产成品成本				
			单位成本				
			月末在产品成本				

基本生产成本明细账

产品名称：C产品　　　　年　月　日　　　　单位：元

年		凭证字号	摘　　要	直接材料	直接人工	制造费用	合　计
月	日						
			月末在产品成本				
			分配材料费				
			分配工资费用				
			分配附加费				
			分配动力费				
			分配制造费用				
			本月生产费用				
			生产费用合计				
			结转产成品成本				
			单位成本				
			月末在产品成本				

管理费用明细账

年　月　日　　　　单位：元

日期	摘　　要	工资	附加费	折旧费	修理费	水电费	办公费	差旅费	劳保费	其他费用	合　计
	分配工资费										
	分配附加费										
	分配折旧费										
	支付其他费用										
	分配辅助生产费用										
	本月合计										
	本月转出										

科　目　汇　总　表

年　月　日　　　　科汇　　号

会计科目	过　　账	本期发生额	
		借　　方	贷　　方
合　　计			

五、参考答案

其他费用分配表

20××年4月30日　　　　单位：元

部　门	办　公　费	劳动保护费	差旅费	其他费用	合　计
一车间	5 800	4 000	6 000	20 000	35 800
二车间	1 900	2 100	1 000	3 660	8 660
供电车间	800	650	300	1 000	2 750
机修车间	1 200	600	230	1 500	3 530
管理费用	10 860	300	5 560	2 350	19 070
合　计	20 560	7 650	13 090	28 510	69 810

汇总付款凭证

贷方科目：银行存款　　20××年4月30日　　单位：元

<table>
<tr><th colspan="3">应借科目</th><th rowspan="2">金　额</th></tr>
<tr><th>总账科目</th><th>明细科目</th><th>成本或费用项目</th></tr>
<tr><td rowspan="10">制造费用</td><td rowspan="4">一车间</td><td>办公费</td><td>5 800</td></tr>
<tr><td>劳动保护费</td><td>4 000</td></tr>
<tr><td>差旅费</td><td>6 000</td></tr>
<tr><td>其他费用</td><td>20 000</td></tr>
<tr><td colspan="2">小　计</td><td>35 800</td></tr>
<tr><td rowspan="4">二车间</td><td>办公费</td><td>1 900</td></tr>
<tr><td>劳动保护费</td><td>2 100</td></tr>
<tr><td>差旅费</td><td>1 000</td></tr>
<tr><td>其他费用</td><td>3 660</td></tr>
<tr><td colspan="2">小　计</td><td>8 660</td></tr>
<tr><td rowspan="10">辅助生产成本</td><td rowspan="4">供电车间</td><td>办公费</td><td>800</td></tr>
<tr><td>劳动保护费</td><td>650</td></tr>
<tr><td>差旅费</td><td>300</td></tr>
<tr><td>其他费用</td><td>1 000</td></tr>
<tr><td colspan="2">小　计</td><td>2 750</td></tr>
<tr><td rowspan="4">机修车间</td><td>办公费</td><td>1 200</td></tr>
<tr><td>劳动保护费</td><td>600</td></tr>
<tr><td>差旅费</td><td>230</td></tr>
<tr><td>其他费用</td><td>1 500</td></tr>
<tr><td colspan="2">小　计</td><td>3 530</td></tr>
<tr><td rowspan="5">管理费用</td><td rowspan="4">管理部门</td><td>办公费</td><td>10 860</td></tr>
<tr><td>劳动保护费</td><td>300</td></tr>
<tr><td>差旅费</td><td>5 560</td></tr>
<tr><td>其他费用</td><td>2 350</td></tr>
<tr><td colspan="2">小　计</td><td>19 070</td></tr>
<tr><td colspan="3">合　计</td><td>69 810</td></tr>
</table>

周转材料——低值易耗品摊销分配表

20××年4月30日　　　　单位：元

分配对象	一车间	二车间	供电车间	机修车间	合　计
分配金额	756.67	450	329	766.67	2 302.34
合　计	756.67	450	329	766.67	2 302.34

材料费用分配表

20××年4月30日　　　　单位：元

分配对象		成本费用项目	直接计入	分配计入			材料费用合计
				定额费用	分配率	应分配额	
A产品		直接材料	36 300	86 400		51 563.52	87 863.52
B产品		直接材料	31 300	64 400		38 436.48	69 736.48
小　计			67 600	150 800	0.5968	90 000	157 600
C产品		直接材料	61 000				61 000
一车间	一般耗用	机物料	5 620				5 620
	修理用	修理费	1 800				1 800
	小　计		7 420				7 420
二车间	一般耗用	机物料	1 850				1 850
	修理用	修理费	1 400				1 400
	小　计		3 250				3 250
供电车间	一般耗用	机物料	2 200				2 200
	修理用	修理费	1 100				1 100
	小　计		3 300				3 300
机修车间	一般耗用	机物料	1 600				1 600
	修理用	修理费	920				920
	小　计		2 520				2 520
合　计			145 090			90 000	235 090

记　账　凭　证

20××年4月30日　　　　字第1号

摘　要	会计科目		借　方	贷　方
	总账科目	明细科目		
	生产成本	基本生产成本（A产品）	87 863.52	
		基本生产成本（B产品）	69 736.48	
		基本生产成本（C产品）	61 000	
		辅助生产成本（供电车间）	3 300	
		辅助生产成本（机修车间）	2 520	
	制造费用	基本生产车间（一车间）	7 420	
		基本生产车间（二车间）	3 250	
	原材料	原料及主要材料		229 870
		修理用备件		5 220
合　计			235 090	235 090

工资费用分配表

20××年4月30日　　　　单位：元

分配对象	成本费用项目	直接计入	分配计入			工资费用合计
			生产工时	分配率	应分配额	
A产品	直接人工		40 400		96 960	96 960
B产品	直接人工		9 600		23 040	23 040
小　计			50 000	2.4	120 000	120 000
C产品	直接人工	7 000				7 000
一车间管理人员	工资	40 000				40 000
二车间管理人员	工资	2 000				2 000
供电车间人员	工资	8 000				8 000
机修车间人员	工资	10 000				10 000
管理部门人员	工资	18 000				18 000
合　计		85 000			120 000	205 000

记　账　凭　证

20××年4月30日　　　　字第2号

摘　要	会计科目		借　方	贷　方
	总账科目	明细科目		
	生产成本	基本生产成本（A产品）	96 960	
		基本生产成本（B产品）	23 040	
		基本生产成本（C产品）	7 000	
		辅助生产成本（供电车间）	8 000	
		辅助生产成本（机修车间）	10 000	
	制造费用	基本生产车间（一车间）	40 000	
		基本生产车间（二车间）	2 000	
	管理费用	管理人员工资	18 000	
	应付职工薪酬			205 000
合　计			205 000	205 000

计提工资附加费分配表

20××年4月30日　　　　单位：元

分配对象	工资总额	工资附加费（14%）
A产品	96 960	13 574.40
B产品	23 040	3 225.60
C产品	7 000	980
小　计	127 000	17 780
一车间管理人员	40 000	5 600
二车间管理人员	2 000	280
供电车间人员	8 000	1 120
机修车间人员	10 000	1 400
管理部门人员	18 000	2 520
合　计	205 000	28 700

记 账 凭 证

20××年4月30日　　字第3号

摘要	会计科目		借方	贷方
	总账科目	明细科目		
	生产成本	基本生产成本（A产品）	13 574.40	
		基本生产成本（B产品）	3 225.60	
		基本生产成本（C产品）	980	
		辅助生产成本（供电车间）	1 120	
		辅助生产成本（机修车间）	1 400	
	制造费用	基本生产车间（一车间）	5 600	
		基本生产车间（二车间）	280	
	管理费用	职工福利费	2 520	
	应付职工薪酬			28 700
合计			28 700	28 700

固定资产折旧费用分配表

20××年4月30日　　单位：元

使用部门	上月折旧费用	本月应增加计提折旧费用	本月应减少计提折旧费用	本月应计提折旧费用
一车间	20 000	0		20 000
二车间	1 500	0		1 500
供电车间	2 000	0		2 000
机修车间	2 980	0		2 980
管理部门	3 000	0		3 000
合计	29 480	0		29 480

记 账 凭 证

20××年4月30日　　字第4号

摘要	会计科目		借方	贷方
	总账科目	明细科目		
	生产成本	辅助生产成本（供电车间）	2 000	
		辅助生产成本（机修车间）	2 980	
	制造费用	基本生产车间（一车间）	20 000	
		基本生产车间（二车间）	1 500	
	管理费用	折旧费	3 000	
	累计折旧			29 480
合计			29 480	29 480

注：辅助生产车间的制造费用不通过制造费用科目核算。

周转材料——低值易耗品摊销分配表

20××年4月30日 单位：元

使用部门	费用项目	本期摊销金额
一车间	低值易耗品摊销	756.67
二车间	低值易耗品摊销	450
供电车间	低值易耗品摊销	329
机修车间	低值易耗品摊销	766.67
合计		2 302.34

记账凭证

20××年4月30日 字第5号

摘要	会计科目		借方	贷方
	总账科目	明细科目		
	生产成本	辅助生产成本（供电车间）	329	
		辅助生产成本（机修车间）	766.67	
	制造费用	基本生产车间（一车间）	756.67	
		基本生产车间（二车间）	450	
	周转材料	低值易耗品摊销		2 302.34
合计			2 302.34	2 302.34

辅助生产成本明细账

车间名称：供电车间 20××年4月30日 单位：元

日期	摘要	职工薪酬	折旧费	修理费	机物料消耗	办公费	差旅费	劳动保护费	低值易耗品摊销	其他费用	合计
	分配工资费用	8 000									8 000
	分配附加费	1 120									1 120
	计提折旧费		2 000								2 000
	分配材料费用			1 100	2 200						3 300
	摊销低值易耗品								329		329
	支付其他费用					800	300	650		1 000	2 750
	小计	9 120	2 000	1 100	2 200	800	300	650	329	1 000	17 499
	分配转入									3 532.80	3 532.80
	分配转出									2 595.24	2 595.24
	本月合计	9 120	2 000	1 100	2 200	800	300	650	329	1 937.56	18 436.56
	本月转出	9 120	2 000	1 100	2 200	800	300	650	329	1 937.56	18 436.56

辅助生产成本明细账

车间名称：机修车间　　　　20××年4月30日　　　　单位：元

日期	摘　　要	职工薪酬	折旧费	修理费	机物料消耗	办公费	差旅费	劳动保护费	低值易耗品摊销	其他费用	合　计
	分配工资费用	10 000									10 000
	分配附加费	1 400									1 400
	计提折旧费		2 980								2 980
	分配材料费用			920	1 600						2 520
	摊销低值易耗品								766.67		766.67
	支付其他费用					1 200	230	600		1 500	3 530
	小　计	11 400	2 980	920	1 600	1 200	230	600	766.67	1 500	21 196.67
	分配转入									2 595.24	2 595.24
	分配转出									3 523.8	3 532.8
	本月合计	11 400	2 980	920	1 600	1 200	230	600	766.67	571.44	20 259.11
	本月转出	11 400	2 980	920	1 600	1 200	230	600	766.67	571.44	20 259.11

辅助生产费用分配表

20××年4月30日　　　　单位：元

分配对象		交互分配			对外分配		
辅助生产车间名称		供电车间	机修车间	合　计	供电车间	机修车间	合　计
待分配费用		17 499	21 196.67	38 695.67	18 436.56	20 259.11	38 695.67
供应劳务数量		120 000	6 000		102 200	5 000	
分配率		0.1458	3.5328		0.1804	4.0518	
供电车间	耗用数量		1 000	1 000			
	分配金额		3 532.80	3 532.80			
机修车间	耗用数量	17 800		17 800			
	分配金额	2 595.24		2 595.24			
金额小计		2 595.24	3 532.80	6 128.04			
A产品	耗用数量				72 300		72 300
	分配金额				13 042.92		13 042.92
B产品	耗用数量				17 400		17 400
	分配金额				3 138.96		3 138.96
C产品	耗用数量				6 400		6 400
	分配金额				1 154.56		1 154.56
金额小计					17 336.44		17 336.44
一车间	耗用数量				2 100	3 000	
	分配金额				378.84	12 155.40	12 534.24
二车间	耗用数量				1 000	1 600	
	分配金额				180.40	6 482.88	6 663.28
金额小计					559.24	18 638.28	
管理部门	耗用数量				3 000	400	
	分配金额				540.88	1 620.83	2 161.71
分配金额合计					18 436.56	20 259.11	38 695.67

记 账 凭 证

20××年4月30日　　字第6号

摘　要	会计科目		借　方	贷　方
	总账科目	明细科目		
	生产成本	辅助生产成本（供电车间）	3 532.80	
		辅助生产成本（机修车间）	2 595.24	
	生产成本	辅助生产成本（供电车间）		2 595.24
		辅助生产成本（机修车间）		3 532.80
合　计			6 128.04	6 128.04

记 账 凭 证

20××年4月30日　　字第7号

摘　要	会计科目		借　方	贷　方
	总账科目	明细科目		
	生产成本	基本生产成本（A产品）	13 042.92	
		基本生产成本（B产品）	3 138.96	
		基本生产成本（C产品）	1 154.56	
	制造费用	基本生产车间（一车间）	12 534.24	
		基本生产车间（二车间）	6 663.28	
	管理费用	其他费用	2 161.71	
	生产成本	辅助生产成本（供电车间）		18 436.56
		辅助生产成本（机修车间）		20 259.11
合　计			38 695.67	38 695.67

制造费用明细账

车间名称：一车间　　20××年4月30日　　单位：元

日期	摘　要	职工薪酬	折旧费	修理费	机物料消耗	办公费	差旅费	劳动保护费	低值易耗品摊销	其他费用	合　计
	分配工资费用	40 000									40 000
	分配附加费	5 600									5 600
	计提折旧费		20 000								20 000
	分配材料费用			1 800	5 620						7 420
	摊销低值易耗品								756.67		756.67
	支付其他费用					5 800	6 000	4 000		20 000	35 800
	小　计	45 600	20 000	1 800	5 620	5 800	6 000	4 000	756.67	20 000	109 576.70
	分配辅助生产成本			12 155.4						378.84	12 534.24
	本月合计	45 600	20 000	13 955.40	5 620	5 800	6 000	4 000	756.67	20 378.84	122 110.94
	本月转出	45 600	20 000	13 955.40	5 620	5 800	6 000	4 000	756.67	20 378.84	122 110.94

制造费用明细账

车间名称：二车间　　20××年4月30日　　单位：元

日期	摘　　要	职工薪酬	折旧费	修理费	机物料消　耗	办公费	差旅费	劳　动保护费	低值易耗品 摊 销	其他费用	合　计
	分配工资费用	2 000									2 000
	分配附加费	280									280
	计提折旧费		1 500								1 500
	分配材料费用			1 400	1 850						3 250
	摊销低值易耗品								450		450
	支付其他费用					1 900	1 000	2 100		3 660	8 660
	小　计	2 280	1 500	1 400	1 850	1 900	1 000	2 100	450	3 660	16 140
	分配费用			6 482.88							6 482.88
	本月合计	2 280	1 500	7 882.88	1 850	1 900	1 000	2 100	450	3 660	22 622.88
	本月转出	2 280	1 500	7 882.88	1 850	1 900	1 000	2 100	450	3 660	22 622.88

制造费用分配表

20××年4月30日　　单位：元

分配对象	生产工时	分配率	分配金额
A产品	40 400		98 664.88
B产品	9 600		23 446.06
小　计	50 000	2.4422	122 110.94
C产品	3 520	6.4782	22 803.28
合　计	53 520		144 914.22

记　账　凭　证

20××年4月30日　　字第8号

摘　　要	会计科目		借　　方	贷　　方
	总账科目	明细科目		
	生产成本	基本生产成本（A产品）	98 664.88	
		基本生产成本（B产品）	23 446.06	
		基本生产成本（C产品）	22 803.28	
	制造费用	基本生产车间（一车间）		122 110.94
		基本生产车间（二车间）		22 803.28
合　　计			144 914.22	144 914.22

完工产品和月末在产品定额计算表

20××年4月30日　　　　单位：元

	产品名称	数　　量	原材料		其他费用	
			费用定额	定额费用	工时定额	定额工时
完工产品	A产品	6 500	12	78 000	6	39 000
	B产品	2 900	28	81 200	4	11 600
	C产品	3 200	20	64 000	1	3 200
在产品	A产品	1 500	12	18 000	3.5	5 250
	B产品	0	28	0	2	0
	C产品	800	20	16 000	0.5	400
总定额	A产品			96 000		44 250
	B产品			81 200		11 600
	C产品			80 000		3 600

完工产品和月末在产品成本计算表

产品名称：A产品　　　　20××年4月30日　　　　单位：元

项　　目	直接材料	直接人工	制造费用	合　　计
月末在产品成本	8 090	5 880	6 830	20 800
本月生产费用	87 863.52	110 534.40	111 707.80	310 105.72
生产费用累计	95 953.52	116 414.40	118 537.80	330 905.72
分配率	0.9995	2.6308	2.6788	
完工产品定额	78 000	39 000	39 000	
月末在产品定额	18 000	5 250	5 250	
小　计	96 000	44 250	44 250	
完工产品成本	77 961	102 601.20	104 473.20	285 035.40
单位成本	11.99	15.78	16.07	43.84
月末在产品成本	17 992.52	13 813.20	14 064.60	45 870.32

完工产品和月末在产品成本计算表

产品名称：B产品　　　　20××年4月30日　　　　单位：元

项　　目	直接材料	直接人工	制造费用	合　　计
月末在产品成本	16 000	2 685	1 880	20 565
本月生产费用	69 736.48	26 265.60	26 585.02	122 587.10
生产费用累计	85 736.48	28 950.60	28 465.02	143 152.10
完工产品成本	85 736.48	28 950.60	28 465.02	143 152.10
单位成本	29.56	9.98	9.82	49.36

完工产品和月末在产品成本计算表

产品名称：C产品　　20××年4月30日　　单位：元

项　　目	直接材料	直接人工	制造费用	合　　计
月末在产品成本	6 160	2 968	2 728	11 856
本月生产费用	61 000	7 980	23 957.84	92 937.84
生产费用累计	67 160	10 948	26 685.84	104 793.84
分配率	0.8395	3.0411	7.4127	
完工产品定额	64 000	3 200	3 200	
月末在产品定额	16 000	400	400	
小　计	80 000	3 600	3 600	
完工产品成本	53 728	9 731.52	23 720.64	87 180.16
单位成本	16.79	3.0411	7.4127	27.2438
月末在产品成本	13 432	1 216.48	2 965.20	17 613.68

产品成本汇总表

20××年4月30日　　单位：元

产品名称 / 成本项目	A产品		B产品		C产品		合　计
	总成本	单位成本	总成本	单位成本	总成本	单位成本	
直接材料	77 961	11.99	85 736.48	29.56	53 728	16.79	217 425.48
直接人工	102 601.20	15.78	28 950.60	9.98	9 731.52	3.04	141 283.32
制造费用	104 473.20	16.07	28 465.02	9.82	23 720.64	7.41	156 658.86
合　　计	285 035.40	43.84	143 152.10	49.36	87 180.16	27.24	515 367.66

记　账　凭　证

20××年4月30日　　字第9号

摘　　要	会　计　科　目		借　　方	贷　　方
	总账科目	明细科目		
	库存商品	A产品	285 035.40	
		B产品	143 152.10	
		C产品	87 180.16	
	生产成本	基本生产成本（A产品）		285 035.40
		基本生产成本（B产品）		143 152.10
		基本生产成本（C产品）		87 180.16
合　　计			515 367.66	515 367.66

基本生产成本明细账

产品名称：A 产品　　20××年 4 月 30 日　　单位：元

20××年		凭证字号	摘　　要	直接材料	直接人工	制造费用	合　计
月	日						
			月末在产品成本	8 090	5 880	6 830	20 800
			分配材料费	87 863.52			87 863.52
			分配工资费用		96 960		96 960
			分配附加费		13 574.40		13 574.40
			分配动力费			13 042.92	13 042.92
			分配制造费用			98 664.88	98 664.88
			本月生产费用	87 863.52	110 534.40	111 707.80	310 105.72
			生产费用合计	95 953.52	116 414.40	118 537.80	330 905.72
			结转产成品成本	77 961	102 601.20	104 473.20	285 035.40
			单位成本	11.99	15.78	16.07	43.84
			月末在产品成本	17 992.52	13 813.20	14 064.60	45 870.32

基本生产成本明细账

产品名称：B 产品　　20××年 4 月 30 日　　单位：元

20××年		凭证字号	摘　　要	直接材料	直接人工	制造费用	合　计
月	日						
			月末在产品成本	16 000	2 685	1 880	20 565
			分配材料费	69 736.48			69 736.48
			分配工资费用		23 040		23 040
			分配附加费		3 225.60		3 225.60
			分配动力费			3 138.96	3 138.96
			分配制造费用			23 446.06	23 446.06
			本月生产费用	69 736.48	26 265.60	26 585.02	122 587.10
			生产费用合计	85 736.48	28 950.60	28 465.02	143 152.10
			结转产成品成本	85 736.48	28 950.60	28 465.02	143 152.10
			单位成本	29.56	9.98	9.82	49.36

基本生产成本明细账

产品名称：C产品　　20××年4月30日　　单位：元

20××年 月	20××年 日	凭证字号	摘　要	直接材料	直接人工	制造费用	合　计
			月末在产品成本	6 160	2 968	2 728	11 856
			分配材料费	61 000			61 000
			分配工资费用		7 000		7 000
			分配附加费		980		980
			分配动力费			1 154.56	1 154.56
			分配制造费用			22 803.28	22 803.28
			本月生产费用	61 000	7 980	23 957.84	92 937.84
			生产费用合计	67 160	10 948	26 685.84	104 793.84
			结转产成品成本	53 728	9 731.52	23 720.64	8 718.16
			单位成本	16.79	3.04	7.41	27.24
			月末在产品成本	13 432	1 216.48	2 965.2	17 613.68

管理费用明细账

20××年4月30日　　单位：元

日期	摘　要	工资	附加费	折旧费	修理费	办公费	差旅费	劳保费	其他费用	合　计
	分配工资费	18 000								18 000
	分配附加费		2 520							2 520
	分配折旧费			3 000						3 000
	支付其他费用					10 860	5 560	300	2 350	19 070
	分配辅助生产费用				1 620.83				540.88	2 161.71
	本月合计	18 000	2 520	3 000	1 620.83	10 860	5 560	300	2 890.88	44 751.71
	本月转出	18 000	2 520	3 000	1 620.83	10 860	5 560	300	2 890.88	44 751.71

记　账　凭　证

20××年4月30日　　字第10号

摘　要	会计科目 总账科目	会计科目 明细科目	借　方	贷　方
	本年利润		70 433.42	
	管理费用			70 433.42
合　计			70 433.42	70 433.42